"十四五"职业教育国家规划教材

汽车使用与维护 活页工单式

主 编　李东兵　田丰福　代孝红
副主编　周艳微　王 阔　朱 琳　孟永帅
主 审　焦传君

汽车使用与维护
图书总码

北京理工大学出版社
BEIJING INSTITUTE OF TECHNOLOGY PRESS

版权专有　侵权必究

图书在版编目（CIP）数据

汽车使用与维护 / 李东兵, 田丰福, 代孝红主编. -- 北京：北京理工大学出版社, 2021.11（2024.1 重印）

ISBN 978-7-5763-0645-3

Ⅰ. ①汽… Ⅱ. ①李… ②田… ③代… Ⅲ. ①汽车—使用方法—高等职业教育—教材 ②汽车—车辆修理—高等职业教育—教材 Ⅳ. ①U472

中国版本图书馆 CIP 数据核字 (2021) 第 223598 号

责任编辑：徐艳君　　**文案编辑**：徐艳君
责任校对：周瑞红　　**责任印制**：李志强

出版发行 / 北京理工大学出版社有限责任公司
社　　址 / 北京市丰台区四合庄路 6 号
邮　　编 / 100070
电　　话 /（010）68914026（教材售后服务热线）
　　　　　（010）68944437（课件资源服务热线）
网　　址 / http://www.bitpress.com.cn

版 印 次 / 2024 年 1 月第 1 版第 2 次印刷
印　　刷 / 河北盛世彩捷印刷有限公司
开　　本 / 787 mm × 1092 mm　1/16
印　　张 / 15
字　　数 / 347 千字
定　　价 / 49.80 元

图书出现印装质量问题，请拨打售后服务热线，负责调换

前　言

汽车使用与维护是职业院校汽车类专业的入门课程，是汽车行业从业人员的基本功，通过对汽车使用与维护知识和技能的深入学习，为汽车类专业学生后续专业课程学习打下坚实基础，也可为汽车驾驶员、驾校学员、汽车爱好者快速掌握汽车的使用和维护方法提供帮助。为贯彻落实党的二十大精神，基于汽车"新四化"的发展，根据人才强国战略，本书以培养潜精研思、守正创新、爱党报国、敬业奉献、服务人民的德才兼备高素质人才为目标。书中内容以民族汽车品牌"红旗"为主体，展现了我国汽车技术的飞速发展，增强了民族自豪感和自信心。同时，书中融入节能环保的内容，培养学生树立绿色、循环、低碳理念。

本书按照"以学生为中心、学习成果为导向、促进自主学习"的思路进行教材开发，借鉴中德SGAVE"两引一导"的教学理念，本着"突出技能，重在实用"和"以全面素质为基础，以能力为本位，以企业需求为基本依据，以就业为导向"的原则，以一汽红旗、东风本田、一汽大众、捷豹路虎等校企合作项目为载体，基于汽车保养岗位的工作内容精心设计了安全与6S、汽车保修工具的使用、汽车的使用、汽车的日常维护、新能源汽车使用与维护5个学习模块，34个典型学习任务。每个学习任务都按照"案例导入→任务目标→任务准备→任务实施"的思路进行编写。

本书遵循职教学生认知规律，从教材架构、内容、学习资源等多个方面进行了精心设计，体现了职业教育的特色，主要有以下特点：

（1）教材形式为活页工单教材。教材按照学习任务采用活页装订，便于使用者在使用过程中根据学习内容和进度随时调整教材内容顺序，也便于教师进行课程的组织与实施。根据典型工作任务开发工单，便于学生进行自主学习，建立"以学生为主，教师为辅"的教学理念。

（2）教材内容与时俱进。随着市场上新能源车辆的大幅增加，新能源汽车的维护需求随之增加，这就对汽车维修人员提出新的要求，所以在教材中增加了新能源汽车维护的课程内容。

（3）教材配套资源丰富。本书配套有电子课件、视频、动画等信息化资源，基于信息化技术，将纸质教材与信息资源有机结合，是资源丰富的"互联网+"教材，最大限度地满足教师教学和学生学习的需要，提高教学和学习质量，促进教学改革。

（4）教材对接"1+X"证书制度。教材与"1+X"技能等级考核证书的相关模块相对接，将技能等级考核的标准和要求融入教学内容中，在进行课程内容学习的同时掌握"1+X"证书考核所需知识和技能。

（5）教材突出"中高职"衔接特色，通过对多所中职院校、高职院校课程标准进行深入调研，优化学习目标及内容设计，避免知识技能点的重复和遗漏，优化学习目标及内容设计，避免知识技能点的重复与遗漏，同时兼顾长学制专业学生的学习。

本书可作为中、高等职业院校汽车运用与维修、新能源汽车运用与维修、汽车服务与营销、汽车车身修复、汽车检测与维修技术、新能源汽车检测与维修技术等专业的基础教材，也可供汽车维修从业人员、驾校学员以及汽车爱好者使用。

本书由长春汽车工业高等专科学校焦传君教授主审，长春汽车工业高等专科学校李东兵、田丰福、代孝红任主编；长春汽车工业高等专科学校周艳微、王阔、朱琳、孟永帅任副主编；长春汽车工业高等专科学校于亮、温雪，一汽大众汽车有限公司张颖，长春通立汽车商贸有限公司赵强、刘贵冬任参编。此外，孙雪梅、佟得利、何英俊、陈颖、赵淑丽、于宁也参与了本书的编写。以上人员在教材编写、配套资源开发、企业资料搜集等方面付出了大量的心血，在此表示深深的感谢。

由于本书涉及面广，编者水平有限，书难免有疏漏和不足之处，恳请广大卖者批评指正。

编　者

2022 年 12 月

课程任务与能力矩阵

《汽车使用与维护》学习任务图表

模块名称	任务名称	难度描述
模块一 安全与6S	任务1：车间及人身安全的认知	"1+X"汽车运用与维修（初级）/汽车维修检验工（初级）
	任务2：车间6S管理认知	"1+X"汽车运用与维修（初级）/汽车维修检验工（初级）
模块二 汽车维修工具的使用	任务1：拆装工具的使用	"1+X"汽车运用与维修（初级）/汽车维修检验工（初级）
	任务2：常用举升机的使用	"1+X"汽车运用与维修（初级）/汽车维修检验工（初级）
	任务3：常用量具的使用	"1+X"汽车运用与维修（初级）/汽车维修检验工（初级）
模块三 汽车的使用	任务1：车钥匙的使用	"1+X"汽车运用与维修（初级）/汽车维修检验工（初级）
	任务2：汽车各箱盖的开启和关闭	"1+X"汽车运用与维修（初级）/汽车维修检验工（初级）

续表

模块名称	任务名称	难度描述
模块三 汽车的使用	任务3：点火开关的操作	"1+X"汽车运用与维修（初级）/汽车维修检验工（初级）
	任务4：变速杆的操作	"1+X"汽车运用与维修（初级）/汽车维修检验工（初级）
	任务5：座椅的使用	"1+X"汽车运用与维修（初级）/汽车维修检验工（初级）
	任务6：安全带的使用	"1+X"汽车运用与维修（初级）/汽车维修检验工（初级）
	任务7：方向盘的使用	"1+X"汽车运用与维修（初级）/汽车维修检验工（初级）
	任务8：后视镜的使用	"1+X"汽车运用与维修（初级）/汽车维修检验工（初级）
	任务9：灯光开关的操作	"1+X"汽车运用与维修（初级）/汽车维修检验工（初级）
	任务10：雨刮器的使用	"1+X"汽车运用与维修（初级）/汽车维修检验工（初级）
	任务11：电动车窗的使用	"1+X"汽车运用与维修（初级）/汽车维修检验工（初级）
	任务12：天窗的使用	"1+X"汽车运用与维修（初级）/汽车维修检验工（初级）
	任务13：中控门锁的使用	"1+X"汽车运用与维修（初级）/汽车维修检验工（初级）
	任务14：儿童锁的使用	"1+X"汽车运用与维修（初级）/汽车维修检验工（初级）

续表

模块名称	任务名称	难度描述
模块三 汽车的使用	任务15：仪表的使用	"1+X"汽车运用与维修（初级）/汽车维修检验工（初级）
	任务16：空调的使用	"1+X"汽车运用与维修（初级）/汽车维修检验工（初级）
	任务17：多媒体的使用	"1+X"汽车运用与维修（初级）/汽车维修检验工（初级）
模块四 汽车的日常维护	任务1：车辆的预检	"1+X"汽车运用与维修（初级）/汽车维修检验工（初级）
	任务2：机油的检查	"1+X"汽车运用与维修（初级）/汽车维修检验工（初级）
	任务3：冷却液的检查	"1+X"汽车运用与维修（初级）/汽车维修检验工（初级）
	任务4：制动液的检查	"1+X"汽车运用与维修（初级）/汽车维修检验工（初级）
	任务5：玻璃水的检查	"1+X"汽车运用与维修（初级）/汽车维修检验工（初级）
	任务6：机油及机油滤清器的更换	"1+X"汽车运用与维修（初级）/汽车维修检验工（初级）
	任务7：空气滤清器的更换	"1+X"汽车运用与维修（初级）/汽车维修检验工（初级）
	任务8：空调滤清器的更换	"1+X"汽车运用与维修（初级）/汽车维修检验工（初级）
	任务9：蓄电池的检查	"1+X"汽车运用与维修（初级）/汽车维修检验工（初级）

续表

模块名称	任务名称	难度描述
模块五 新能源汽车的维护	任务1：新能源汽车维护工作准备	"1+X"汽车运用与维修（初级）/汽车维修检验工（初级）
	任务2：工具及仪器的使用	"1+X"汽车运用与维修（初级）/汽车维修检验工（初级）
	任务3：新能源汽车的维护作业	"1+X"汽车运用与维修（初级）/汽车维修检验工（初级）

目 录

模块一 安全与 6S …………………………………………………………………… 1
  任务 1 车间及人身安全的认知 ………………………………………………… 2
  任务 2 车间 6S 管理认知 ……………………………………………………… 11

模块二 汽车维修工具的使用 ……………………………………………………… 17
  任务 1 拆装工具的使用 ………………………………………………………… 18
  任务 2 常用举升机的使用 ……………………………………………………… 34
  任务 3 常用量具的使用 ………………………………………………………… 43

模块三 汽车的使用 ………………………………………………………………… 55
  任务 1 车钥匙的使用 …………………………………………………………… 56
  任务 2 汽车各箱盖的开启和关闭 ……………………………………………… 60
  任务 3 点火开关的操作 ………………………………………………………… 65
  任务 4 变速杆的操作 …………………………………………………………… 70
  任务 5 座椅的使用 ……………………………………………………………… 73
  任务 6 安全带的使用 …………………………………………………………… 80
  任务 7 方向盘的使用 …………………………………………………………… 88
  任务 8 后视镜的使用 …………………………………………………………… 95
  任务 9 灯光开关的操作 ………………………………………………………… 99
  任务 10 雨刮器的使用 ………………………………………………………… 107
  任务 11 电动车窗的使用 ……………………………………………………… 111
  任务 12 天窗的使用 …………………………………………………………… 115
  任务 13 中控门锁的使用 ……………………………………………………… 119

　　任务 14　儿童锁的使用 ··· 123
　　任务 15　仪表的使用 ··· 126
　　任务 16　空调的使用 ··· 133
　　任务 17　多媒体的使用 ··· 139

模块四　汽车的日常维护 ·· 145
　　任务 1　车辆的预检 ··· 146
　　任务 2　机油的检查 ··· 151
　　任务 3　冷却液的检查 ··· 157
　　任务 4　制动液的检查 ··· 163
　　任务 5　玻璃水的检查 ··· 169
　　任务 6　机油及机油滤清器的更换 ··· 173
　　任务 7　空气滤清器的更换 ·· 179
　　任务 8　空调滤清器的更换 ·· 183
　　任务 9　蓄电池的检查 ··· 187

模块五　新能源汽车的维护 ··· 193
　　任务 1　新能源汽车维护工作准备 ··· 194
　　任务 2　工具及仪器的使用 ·· 200
　　任务 3　新能源汽车的维护作业 ··· 206

模块一

安全与6S

学习任务与能力矩阵	
任务	能力
任务1：车间及人身安全的认知	能够发现和正确处理车间常见危险
	能够识别安全防护相关标志
	熟知人身安全防护用品的作用
	能够正确使用灭火器进行灭火
任务2：车间6S管理认知	能够解释6S代表的含义
	能够按照6S标准对车间等场所进行管理

任务 1　车间及人身安全的认知

一、任务信息

任务 1　车间及人身安全的认知			
学时	2	班级	
成绩		日期	
姓名		教师签名	
案例导入	某汽修厂维修车间内突发大火，铁皮屋顶和车间内的3辆正在维修的汽车被烧得面目全非，损失严重，所幸没有造成人员受伤。据初步调查，火灾原因是工人维修汽车时不慎引发的。安全是企业的生命线，是一切工作的前提条件		
任务目标	知识	（1）了解车间常见危险类型及其危险标志； （2）熟知人身安全防护用品的作用	
	技能	能够发现和正确处理车间常见危险	
	素养	（1）树立安全操作意识； （2）培养突发安全事故的应急处理能力； （3）培养团队协作能力	

二、任务流程

（一）任务准备

（1）维修车间、实训车辆 4 台、各种维修设备若干、挡块若干。

（2）视频资源 3 个。

（二）任务实施

说明：请查看相关的视频资源、文档资源和参考信息，完成以下工作任务。

1. 工作表

维修车间存在的安全隐患或危险行为

（1）观察下面两张图，请圈出存在安全隐患的地方。

（2）展开团队协作，陈述发生在汽车维修车间内的4种危险行为，并解释该行为是如何影响安全的。向其他小组展示研究结果，参见所给示例。

①跑动：车间是个危险的地方，在车间内跑动可能会导致滑倒、绊倒或跌倒，因此可能会造成伤害。这也有可能导致车辆或设备损坏。

②_____

③_____

④_____

（3）展开团队协作，陈述在汽车维修车间环境内可以发现的4种潜在危险。针对每种危险（可能会造成伤害的某些事项）给出一个示例，说明如果未能得到正确处理它会怎样影响安全。向其他小组展示研究结果，参见所给示例。

①照明不良：车间内照明不良或不充足将会减弱能见度，这将是非常危险的，因为某些人可能会被空气管绊倒或跌下楼梯。

②_____

③_____

④_____

（4）开展组内自评与组间互评。

_____

（5）进行实训场地6S。

安全防护相关标志

（1）一般强制标志	（2）	（3）
（4）	（5）必须穿高可见度衣物	（6）
（7）	（8）	（9）必须戴安全帽

灭火器种类及其所灭火源类型

完成下面的表格。提示：请环视实训场地。各小组需要向其他小组的学员展示其调查结果。

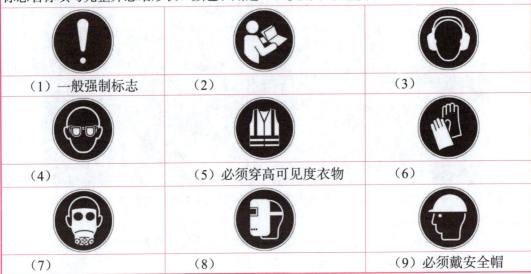

灭火器		火灾类型				
类型（灭火剂）	颜色或标志带颜色（筒体颜色）	固体（纸、木材）	易燃液体	易燃气体	电气设备	注意事项
水基型		✓				如果用于扑灭"液体引发的火灾"或带电设备的火灾，则会发生危险（水是导电的）
泡沫						禁止用于电气设备火灾
干粉						最高安全电压为 1 000 V
二氧化碳		✗				可在高低压电路上安全使用。切勿在狭小区域使用

2. 参考信息

2.1 常见的危险类型及处理措施

（1）油液。

废机油、废防冻液、废刹车油等使用指定的废油桶收集并交给相关有资质的部门回收，否则可能造成严重的环境污染。地面上的润滑脂、机油、防冻液或零部件清洗液会使人摔倒，造成严重伤害，如图1-1-1所示。

车间常见危险类型及处理措施

图1-1-1 地面上的油液致人摔倒

油液处理的安全常识：

①注意环境保护。废弃油液对环境和水源均有污染作用，在排放油液之前准备相对应的接盛容器，以方便后续的回收处理工作，如图1-1-2所示。

图1-1-2 盛油液容器

②制动液对车身漆面有腐蚀作用，应该及时清除溅到漆面上的制动液；放出和处理废制动液时，务必遵守相关环保法规。

③请勿为了方便使用食品或饮料瓶等器具盛装废液，否则未参加作业的人员可能会误用，发生中毒危险。

④在工作后、饮食前，必须彻底清洗双手及面部，防止皮肤病。

（2）汽油。

汽油是非常易燃且易挥发的液体。在汽车上汽油储存在油箱中，产生的蒸气由汽车的活性炭罐控制；但汽油在车外部储存时，产生的蒸气会从容器中溢出，当在一定空间内汽油蒸气达到一定浓度后遇到吸烟、焊接火花、火花塞高压线的高压火花、静电等均会引起爆炸。因此在汽油储存和进行相关操作时均应注意安全，预防危害的产生。

汽油处理的安全常识：

①不要在家中、密闭的库房里或汽车行李箱内存放汽油。

②不要长时间保存只剩一部分汽油的汽油罐（桶），汽油罐（桶）会释放出蒸气，当油罐（桶）中的汽油浓度达到一定程度时，会造成潜在的危险。

③使用铁桶储存汽油，如图1-1-3所示。由于铁是电的良导体，放在地面上，产生的静电会很快导入大地，不会造成静电荷的积累，不会产生静电火花。并且存储时不要将容器完全装满，以容许汽油在高温时膨胀。

图1-1-3 铁桶

④汽油储存罐必须要放在通风良好的地方来降低汽油蒸气的浓度，除了加油和倒油，不要将汽油储存罐开着口放置，防止发生火灾。

⑤更换汽油滤清器需在空旷、通风良好且带有有效灭火器的工位进行，操作过程中按照操作手册将燃油系统"卸压"，防止管路压力将汽油溅到身上，并保持四个车门敞开，更换完成后，清理现场。

⑥当汽油着火时，不要用水来灭火，这会使火势更严重。

（3）蓄电池。

蓄电池在充电的过程中可能产生氢气和氧气，氢气是可燃气体，氧气助燃，如果出现火源极易引起爆炸，且蓄电池正负极接反或短路也会引起汽车损坏甚至火灾。

蓄电池相关安全常识：

①蓄电池充电时，附近禁止吸烟、从事热作业（如焊接、钎焊、打磨）或使用手机等可能造成安全隐患的行为，如图1-1-4所示。

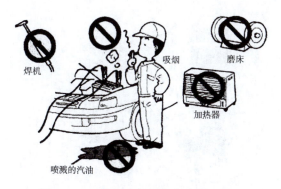

图 1-1-4　蓄电池充电过程中禁止事项

②在进行充电作业或发动机舱相关作业时禁止佩戴手表、戒指、手链、手镯和其他一切金属物品，防止因为误操作将蓄电池电极短路，使蓄电池过快发热而爆炸。

③清空口袋里的金属，它们可能会掉落到蓄电池和蓄电池的接线桩上。

④安装或更换蓄电池应注意极桩的高低是否和机舱盖发生干涉，并将蓄电池安装牢固，防止汽车行驶过程中因颠簸而松动。

（4）制冷剂。

目前汽车应用的是环保型制冷剂，如 R-134a，这种制冷剂虽然不会破坏臭氧层，但是还是会造成温室效应且有微毒，因此不能释放入大气中，需用设备回收，以一定压力进行储存。维修过程要遵循规定的安全步骤，否则有爆炸和冻伤的风险。

制冷剂相关安全常识：

①空调器的保养和维修作业务必遵守重复加注和回收处理制冷剂方面的安全措施。

②切勿使空调器的零件由于热源而升温，过热状态会使系统压力提高而导致组件爆裂，且制冷剂遇明火时，可能产生有毒气体。

（5）用电设备。

不正确地使用用电设备可能导致短路和火灾。因此，要学会正确使用用电设备并认真遵守以下防护措施：

①用电设备长时间使用，会由于导线牵拉扯动频繁，导致导线磨损而漏电，因此要保持地面干燥，因为水能导电，如果漏电的部分导电会使人有触电的危险。用电设备在使用过程中，发现导线漏电应及时进行修复或更换。

②已知电气设备发生故障，不得再次运转。

③仔细阅读用电设备说明书，正确进行导线连接，按说明书的要求使用。

④需要移动设备时，必须先切断电源。

⑤严禁用湿布擦拭用电设备。

⑥手上有水时，避免操作用电设备插头或触摸危险位置。

⑦如果电路中发生短路或意外火灾，在灭火之前首先应关掉开关，并向管理员报告不正确的布线和用电设备安装。

⑧有任何熔断器熔断都要向上级汇报，因为熔断器熔断说明有某种电气故障，如图 1-1-5 所示。

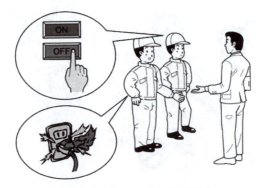

图 1-1-5　向上级汇报情况

2.2 个人安全防护

（1）工装。

①作业时必须正确穿戴规定的防护衣服、护具。

②不穿易被卷入机械的服装，操作转动机械时，袖口必须扎紧。

③穿便于行动的服装。

④从事特殊作业的人员必须穿特殊作业防护服。

（2）手套。

汽车维修中大部分实操是由双手完成的，这就决定了手会经常处在危险之中。对手的安全防护主要靠手套。

①线手套：具有保护手和手臂的功能，汽车维修人员工作时一般使用这种手套，如图 1-1-6（a）所示。

②带电作业用绝缘手套：要根据电压选择适当的绝缘手套，如图 1-1-6（b）所示。检查表面有无裂痕、发黏、发脆等缺陷，如有异常禁止使用。

③耐酸、耐碱手套：主要在接触酸和碱等化学溶剂时佩戴，防止手被溶剂烧伤，如图 1-1-6（c）所示。

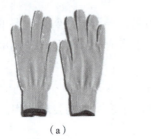  

（a）　　　　　　　　　（b）　　　　　　　　　（c）

图 1-1-6　手套种类

（a）线手套；（b）带电作业用绝缘手套；（c）耐酸、耐碱手套

（3）其他。

①穿防滑底的工作鞋，如图 1-1-7 所示。在有重物落下或腐蚀液体飞溅时使脚得到保护，以免受到伤害；在进行新能源车辆相关操作时，穿戴绝缘的工作鞋，可预防触电事故

的发生。禁止穿拖鞋、凉鞋和高跟鞋等。

图 1-1-7　防滑工作鞋

②在车间内不要吸烟，以防点燃易燃易爆的物品。

③搬运重物是我们在工作和学习中经常会遇到的，因此掌握搬运重物的正确方法是很重要的。物品需要在自己的能力范围内进行搬举，如果遇到超出自身能力范围的物品，应找人帮忙或借助搬运车等器具。

2.3 车间消防安全

燃烧的三个基本要素是着火温度、可燃物、助燃物，在三个要素都满足的情况下，物体才会燃烧。只要这三个要素中有一个要素缺失，就能够熄灭火焰，防止火灾的发生。

灭火器的使用

（1）消防设施。

①在车间一般要配备水龙头、防火沙、灭火器等消防设施。

②水基型灭火器可扑灭易燃固体、易燃液体、易燃气体和电气火灾，因此车间应配备足量的水基型灭火器，并确保灭火器性能完好，车间人员应熟悉并掌握其使用方法。

（2）灭火器存放注意事项。

①定期重新加注灭火剂。

②灭火器要摆放在车间的固定位置，并设有明显的标志。

（3）灭火器的选择。

①扑救固体燃烧的火灾：选用水基型、泡沫、干粉、二氧化碳灭火器。

②扑救液体火灾或可融化固体物质的火灾：选用干粉、泡沫、二氧化碳灭火器。

注意：泡沫灭火器不能灭极性溶剂（如：甲醇、乙醚）火灾。

③扑救气体燃烧的火灾：选用干粉、二氧化碳灭火器。

④扑救金属燃烧的火灾：国内尚未定型生产灭火器和灭火剂，可采用干沙或铸铁沫灭火；国外用粉装石墨灭火器和灭金属火灾专用干粉灭火器。

⑤扑救带电设备及附件燃烧的火灾：选用二氧化碳、干粉灭火器。

（4）不能用水扑救的火灾。

①密度小于水或不溶于水的易燃液体的火灾不能用水扑救，如汽油、煤油、柴油、苯类、醇类、醚类、酯类等。

②遇水产生燃烧物的火灾不能用水扑救，如钾、钠、碳化钙等。可用沙土扑救。

③硫酸、盐酸的火灾不能用水扑救。

④电气火灾未切断电源前不能用水扑救，因为水是良导体，容易造成触电。

⑤高温状态下化工设备的火灾不能用水扑救，因为高温设备遇冷水后骤冷，易形变或爆裂。

2.4 汽车危险废弃物的处理

汽车维修车间里的危险废弃物是一些化学品或车间里不再需要的零部件和辅料。如果将这些废弃物丢弃于普通的垃圾箱或下水道里，它们会对环境或人体产生危害。对于一种材料来说，只有在车间已经使用完后准备丢弃时，才认为是危险废弃物。处理任何一种危险废弃物时，一定要穿上合适的工作服，这可能包括呼吸器和手套。

（1）危险废弃物特征。

危险废弃物包括以下特征：化学活性、腐蚀性、毒性、可燃性。

①化学活性：材料能够与水或其他活性物质发生剧烈反应的性能叫作化学活性。

②腐蚀性：材料会烧伤皮肤或溶解金属或其他材料，则这种材料是有腐蚀性的。

③毒性：如果材料的有害重金属浓度大于其在标准饮用水中浓度的100倍，则这种材料是有毒性的。

④可燃性：具有可燃性的材料是易燃的。

（2）常见的危险材料。

①喷漆和车身修理产生的废弃物。

②清洗零件和设备的溶剂。

③蓄电池和蓄电池酸性溶液。

④用于清洗金属和预备喷涂表面的弱酸。

⑤从汽车发动机、变速箱中放出的废机油、发动机冷却液、变速箱油。

⑥空调制冷剂。

⑦机油滤清器。

⑧含钠的排气门。

⑨气囊。

（3）危险废弃物的处理。

任何情况下，都不要使用下列方式来处理危险废弃物：

①将危险废弃物倒在杂草上。

②将危险废弃物倒在铺满沙砾的街道上。

③将危险废弃物扔到垃圾箱里。

④在许可的处理厂以外的地方处理危险废弃物。

⑤将危险废弃物倒在下水道、洗手间、水池或地面排水管里。

⑥将危险废弃物埋入地下。

任务 2　车间 6S 管理认知

一、任务信息

任务 2　车间 6S 管理认知			
学时	2	班级	
成绩		日期	
姓名		教师签名	
案例导入	某车主去一家汽修厂修理汽车，进厂后他发现维修车间内挤满了待维修的汽车，维修工具车内的工具堆放杂乱，地面洒落很多废弃的机油，库房里汽车备件堆积如山，而且维修工毫无章法地在维修汽车……最终车主放弃了在这家汽修厂维修汽车的计划		
任务目标	知识	（1）6S的含义； （2）各S之间的区别及关联	
	技能	能够按照6S标准对车间等场所进行管理	
	素养	（1）使学生树立6S管理意识； （2）培养学生对车间6S管理的能力	

二、任务流程

（一）任务准备

1. 实训车间、库房、工具车 4 台。
2. 视频资源 1 个。

（二）任务实施

说明：请查看相关的视频资源、文档资源和参考信息，完成以下工作任务。

1. 工作表

6S 的主要工作

（1）下图中体现了 6S 中的哪项工作？这么做的目的是什么？

_____

_____

_____

（2）下图中体现了 6S 中的哪项工作？这么做的目的是什么？

_____

_____

（3）下图中体现了 6S 中的哪项工作？这么做的目的是什么？

_____

_____

_____

（4）下图中体现了 6S 中的哪项工作？这么做的目的是什么？

（5）下图中体现了6S中的哪项工作？这么做的目的是什么？

_____
_____
_____
_____

（6）下面两张图中体现了6S中的哪项工作？这么做的目的是什么？

_____
_____

（7）各小组将场地工位内的工具和设备安排位置，并完成下列表格。教师对工具和设备的摆放位置进行评分。

序号	工具或设备名称	初始位置是否合理	改进措施
1		□是 □否	
2		□是 □否	
3		□是 □否	
4		□是 □否	
5		□是 □否	
6		□是 □否	
7		□是 □否	
8		□是 □否	
9		□是 □否	

（8）阅读案例后回答相应的问题。

有一家专门生产塑胶粒的企业推行6S管理后，感觉费时费力却没有什么明显效果。6S推行专家到这家企业进行指导的时候，在生产车间注意到有个工人在不停地打扫地面，于是专家便向车间主任询问缘由。车间主任回答说："6S管理不是要求现场干净整齐吗？我们生产的塑胶粒附着性很强，弄得满地都是，所以就安排工人不停地打扫。"

这位车间主任对6S管理的理解是否正确？如果有问题，请指出问题的症结在什么地方。如果你是这位车间主任，你打算怎么做？请简要阐明你的见解。

_____
_____
_____

（9）开展组内自评与组间互评。

_____
_____
_____

（10）进行实训场地6S。

2. 参考信息

2.1 6S 管理

（1）6S 的起源。

6S 就是整理（Seiri）、整顿（Seiton）、清扫（Seiso）、清洁（Seiketsu）、素养（Shitsuke）、安全（Safety）六个项目，因均以"S"开头，简称6S。

提起6S，首先要从5S谈起。5S起源于日本，指的是在生产现场中将人员、机器、材料、方法等生产要素进行有效管理，它针对企业中每位员工的日常行为方面提出要求，倡导从小事做起，力求使每位员工都养成事事"讲究"的习惯，从而达到提高整体工作质量的目的。这是日式企业独特的一种管理方法。

1955年，日本5S的宣传口号为"安全始于整理整顿，终于整理整顿"，当时只推行了前2S，其目的是仅确保作业空间和安全；后因生产控制和品质控制的需要，而逐步提出后面的3S，即"清扫、清洁、素养"，从而使应用空间及适用范围进一步拓展。1986年，首本5S著作问世，从而对整个日本现场管理模式起到了冲击作用，并由此掀起5S热潮。

日式企业将5S运动作为管理工作的基础，推行各种品质的管理手法，第二次世界大战后，产品品质得以迅速地提升，奠定了经济大国的地位，而在丰田公司的倡导推行下，5S对于塑造企业的形象、降低成本、准时交货、安全生产、高度标准化、创造令人心旷神怡的工作场所、现场改善等方面发挥巨大作用，逐渐被各国的管理界所认识。随着世界经济的发展，5S已经成为企业管理的一股新潮流。

我国企业在5S现场管理的基础上，结合国家如火如荼的安全生产活动，在原来5S基础上增加了安全要素，形成"6S"。

（2）6S 的主要内容。

① 整理。整理就是把必要物品和不必要的物品区分开来，不要的物品彻底处理或丢弃，而不是"简单地收拾后又整齐地放置废品"，如图1-2-1所示。

图 1-2-1　整理活动的"丢"与"不丢"

② 整顿。整顿就是消除无谓的寻找，即缩短准备的时间，随时保持立即可取的状态，也就是说整顿不是陈列，是要把有用的东西以最简便的方式放好，让大家都一目了然，在想要使用时可以随时取得，如图1-2-2所示。

摆放整齐，一目了然　　　　　　取用方便

图 1-2-2　整顿示意图

③ 清扫。将岗位变得无垃圾、无灰尘，干净整齐；将设备保养得锃亮完好，创造一个一尘不染的环境。除了消除污秽，确保员工的健康、安全、卫生，还需要早期发现设备的异常、松动等，以达到预防保养的目的。

④ 清洁。将整理、整顿、清扫进行到底，标准化、制度化，并加以完善。

注：为机器、设备清除油垢、尘埃，谓之"清扫"，而"长期保持"这种状态就是"清洁"，将设备"漏水、漏油"现象设法找出原因，彻底解决，是根除不良和脏乱的源头。

⑤ 素养。对于规定了的事情，每天坚持按要求去执行，形成安全意识并养成良好习惯。

⑥ 安全。重视员工安全教育，每时每刻都有安全第一观念，防患于未然，目的是建立及维护安全生产的环境，所有的工作应建立在安全的前提下。

(3) 6S 的六大效用及之间的关联。

① 6S 的六大效用。

a. 6S 是最佳推销员（Sales）。

被顾客称赞为干净整齐的企业，对这样的企业有信心，乐于购物并口碑相传，利于来客数的提升。

b. 6S 是节约家（Saving）。

降低很多不必要的空间的占用，减少顾客"寻找"的浪费，利于客单价的提升，提高商品效率和工作效率。

c. 6S 对安全有保障（Safety）。

宽敞明亮，视野开阔的工作场所，一目了然；遵守陈列限制，不安全处一目了然。

d. 6S 是标准化的推动者（Standardization）。

"3 定、3 要素"原则规范现场作业，大家都正确地按照规定执行任务，程序稳定，带来的品质稳定，成本安定。

e. 6S 形成令人满意的工作场所（Satisfaction）。

明亮、清洁的工作场所，员工动手做改善，有成就感，能造就现场全体人员进行改善的气氛。

f. 6S 是员工自我发展的培养者（Self-Advancement）。

大家都养成良好的习惯，不断地自我检讨，促进个人素质的不断提升。

② 6S 之间的关联。

"6S"之间彼此关联，整理、整顿、清扫是具体内容；清洁是指将上面的 3S 实施的做法制度化、规范化，并贯彻执行及维持结果；素养是指培养每位员工养成良好的习惯，并遵守规则做事，开展 6S 容易，但长时间的维持必须靠素养的提升；安全是基础，要尊重生命，杜绝违章。

三、参考书目

序号	书名、材料名称	说明
1	《汽车使用与维护考核教程》	北京理工大学出版社
2	《捷豹路虎ATP卓越培训课程》	捷豹路虎内部培训教材
3	《汽车车身维修基础》	高等教育出版社

四、学生笔记

模块二

汽车维修工具的使用

学习任务与能力矩阵	
任务	能力
任务1：拆装工具的使用	能够正确使用各种螺丝刀
	能够正确使用各类扳手
	能够正确使用气动拆装工具
任务2：常用举升机的使用	能够按照规范流程正确使用两柱举升机
	能够按照规范流程正确使用剪式举升机
任务3：常用量具的使用	能够正确使用常用量具对被测部件进行测量

任务 1 拆装工具的使用

一、任务信息

任务 1 拆装工具的使用			
学时	2	班级	
成绩		日期	
姓名		教师签名	
案例导入	在进行拆装和安装发动机时因学徒工选择工具不当造成了螺栓的断裂和螺帽的损坏，为了避免类似事件再次发生，学徒工向师傅请教拆装工具的种类、名称以及使用方法		
任务目标	知识	（1）掌握各种螺丝刀的正确使用方法和使用注意事项； （2）掌握各类扳手的正确使用方法、适用范围及注意事项； （3）掌握气动拆装工具的使用方法及注意事项	
	技能	能够正确选择和使用拆装工具进行螺丝的安装和拆卸	
	素养	（1）树立安全操作意识、6S意识； （2）培养职业规范意识、团队协作能力	

二、任务流程

（一）任务准备

（1）实训车辆4台、螺栓训练台架4台、发动机总成4个、变速箱总成4个、工具车4辆、预置机械式扭矩扳手8个、预置电子式扭矩扳手8个、冲击式风动扳手8个、棘轮式风动扳手8个。

（2）视频资源6个。

（二）任务实施

说明：请查看相关的视频资源、文档资源和参考信息，完成以下工作任务。

1. 工作表

拆装工具的使用

（1）某螺栓均可以使用套筒扳手、梅花扳手、开口扳手、活动扳手拆卸，你认为的选择顺序应该是怎样的？

_____

_____

（2）写出下列工具的名称和用途。

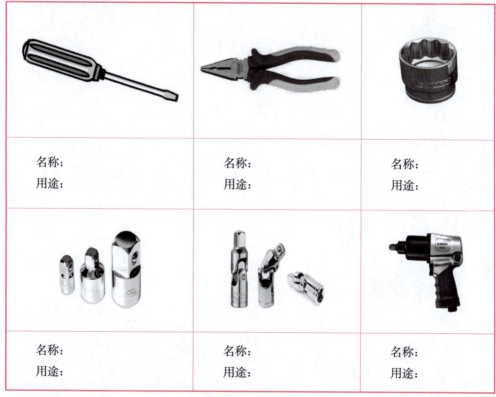

| 名称： | 名称： | 名称： |
| 用途： | 用途： | 用途： |

| 名称： | 名称： | 名称： |
| 用途： | 用途： | 用途： |

（3）辨别工具箱内配套的手锤材质和用途。

序号	材质	用途
1		
2		
3		

（4）根据教师提供的发动机及变速箱台架写出拆卸各部位能够应用的所有扳手名称、型号。（如不了解部位名称可以查看相应的教学示教板）

序号	部位	适用的扳手类型及型号	备注
1			
2			
3			
4			
5			
6			
7			
8			

（5）写出图示扭矩扳手的适用范围及使用注意事项。

序号	扭矩扳手	适用范围及使用注意事项
1	 	
2		
3	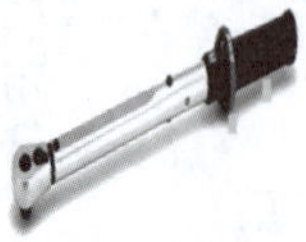	

（6）组间互评：相互提问相互考核。
_____
_____

（7）进行场地6S。

2. 参考信息

2.1 螺丝刀

螺丝刀俗称改锥或起子,是汽车维修常用的工具,由头部、杆部和旋柄组成,主要用于旋松、紧固或拆卸小扭矩、头部开有凹槽的螺栓和螺钉。

螺丝刀的正确使用

(1) 螺丝刀的类型。

螺丝刀的类型取决于本身的结构及尖部的形状,常用的有一字螺丝刀、十字螺丝刀(如图 2-1-1 所示)。一字螺丝刀用于单个槽头的螺钉,十字螺丝刀用于带十字槽头的螺钉。尖部形状相同的螺丝刀,尺寸也不完全一样,有大小长短之分,如图 2-1-2 所示。

图 2-1-1　常用螺丝刀外形

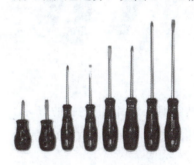

图 2-1-2　螺丝刀类型

(2) 特殊螺丝刀的使用。

①短柄螺丝刀(如图 2-1-3 所示),便于在狭窄的空间内进行拆卸或安装更换螺钉的操作,如拆卸发动机舱狭窄位置的螺钉、拆卸仪表板等。

②方柄螺丝刀(如图 2-1-4 所示),可配合开口扳手进行辅助扭动,用于大扭矩的情况。使用时应用手压紧螺丝刀,使得螺丝刀与螺钉严密配合,防止因为扭矩的增大使螺丝刀滑出而损坏螺钉槽口。

图 2-1-3　短柄螺丝刀

图 2-1-4　方柄螺丝刀

③通心螺丝刀(如图 2-1-5 所示),也称穿透螺丝刀,其金属杆贯穿整个手柄,可以用手锤敲击尾端,达到对螺钉的冲击效果。

④冲击螺丝刀(如图 2-1-6 所示),也称锤击式加力螺丝刀。如果螺钉、螺栓生锈或拧得过紧,就需要施加较大的力才能把它旋动,冲击螺丝刀通过实施瞬间冲击力以达到拆

卸目的。使用前，应先把冲击螺丝刀的旋转方向调整好，刀口对准螺钉或螺栓的头部，只需要用锤子击打冲击螺丝刀后部，冲击螺丝刀即可对螺钉、螺栓实施冲击力，达到对螺钉、螺栓松动的目的。

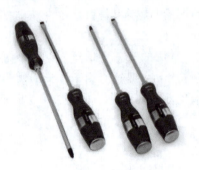
图 2-1-5　通心螺丝刀

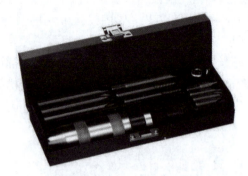
图 2-1-6　冲击螺丝刀

⑤精密螺丝刀（如图 2-1-7 所示），是一种型号非常小的螺丝刀，可用来拆卸并更换精密零件，如维修汽车音响、CD 等。

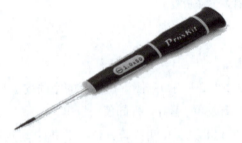
图 2-1-7　精密螺丝刀

（3）螺丝刀的使用及注意事项。

选用螺丝刀时，应根据操作空间的大小选择长短合适的螺丝刀，同时保证螺丝刀头部的尺寸与螺钉的槽部形状紧密配合不留间隙（如图 2-1-8 所示）。选用时本着先厚后薄的原则，如果螺丝刀的头部太厚，则不能落入螺钉槽内，易损坏螺钉槽；如果螺丝刀的头部太薄，使用时头部容易扭曲。用螺丝刀时，应右手握住螺丝刀，手心抵住柄端，螺丝刀与螺钉的轴心必须保持同轴（如图 2-1-9 所示），边用力边进行旋转。

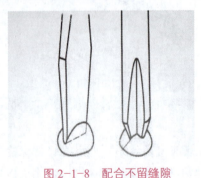
图 2-1-8　配合不留缝隙

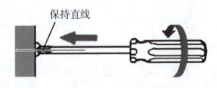
图 2-1-9　保持同轴

另外，在使用过程中，要尽量避免将螺丝刀当作撬棒使用，否则会造成螺丝刀的弯曲甚至断裂。除通心式螺丝刀外禁止将普通螺丝刀当作錾子使用（不能用手锤敲击螺丝刀尾端，如图 2-1-10 所示），否则会造成头部缩进手柄内、断裂或缺口。

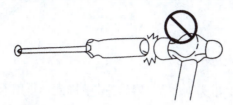

图 2-1-10　禁止手锤敲击螺丝刀末端

2.2 手钳

汽车维修保养中常用的手钳有鲤鱼钳、尖嘴钳、卡簧钳、剪钳和钢丝钳。

手钳的使用

（1）鲤鱼钳。

鲤鱼钳（如图 2-1-11 所示）因外形酷似鲤鱼而得名，其特点是钳口的开口宽度有两挡调节位置，可放大或缩小使用，在汽车维修行业中运用较多。

鲤鱼钳用于夹持扁形或圆柱形零件，也可代替扳手旋小螺母和小螺栓，带刃口的鲤鱼钳可以切断金属。使用时，擦净鲤鱼钳上的油污，以免工作时打滑；夹牢零件后，再弯曲或扭切；夹持大零件时，将钳口放大。

（2）尖嘴钳。

尖嘴钳（如图 2-1-12 所示）又名修口钳、尖头钳、尖嘴钳，由尖头、刃口和钳柄组成。

图 2-1-11　鲤鱼钳

图 2-1-12　尖嘴钳

尖嘴钳主要用来剪切直径较细的单股与多股线，以及给单股导线接头弯圈、剥塑料绝缘层等。因为头部尖细，尖嘴钳能在较狭小的工作空间操作。不带刃口的尖嘴钳只能夹持零件，带刃口的尖嘴钳能剪切细小零件。

尖嘴钳使用注意事项：切勿对尖嘴钳施加过大压力，以免损坏尖嘴钳头部。

（3）卡簧钳。

卡簧钳从外形上来说，其实是属于尖嘴钳的一种，它是专门用来安装和拆卸卡簧环的工具。从作用类型来分有内用卡簧钳（常态时钳口打开，如图 2-1-13 所示）和外用卡簧钳（常态时钳口关闭，如图 2-1-14 所示）两种，分别用于安装和拆卸内用卡簧和外用卡簧

图 2-1-13 内用卡簧钳

图 2-1-14 外用卡簧钳

卡簧钳使用注意事项：钳头刚性大，容易折断，因此禁止用卡簧钳撬、砸、夹其他物品。

（4）剪钳。

剪钳（如图 2-1-15 所示）又名偏口钳，主要用于切割细导线。

剪钳钳口尖部为圆形，因而它可用以切割细线，或者选择所需的线从线束中切下。剪钳不能用于切割硬的或粗的线，否则会损坏刀片。

（5）钢丝钳。

钢丝钳（如图 2-1-16 所示）又名克丝钳，用于切断金属丝或夹持、拆断金属薄板。钢丝钳的特点是既可以切断软线又可以切断硬线。

2.3 手锤

手锤（如图 2-1-17 所示）俗称榔头，是必不可少的汽车维修工具，一般由锤头和木柄组成。校直、錾削和装卸零件等操作都要用手锤来敲击。常用 1 kg 手锤的木柄长约 350 mm。

手锤在使用前应确认前端有无卷起、缺口、损伤等，观察木柄有无松动、裂纹、油污。在使用过程中，应用未沾油污的手握住手柄，不得戴手套。原则上不能直接锤打淬火后的材料，必须进行此操作时，可使用铜锤、木锤或塑料锤。操作过程中应留意四周，并确认无物体突然飞起的危险。

图 2-1-15 剪钳

图 2-1-16 钢丝钳

图 2-1-17 手锤

2.4 扳手

扳手是汽车维修中常用的工具，用于旋松或拧紧螺栓和螺母。常用的扳手有套筒扳手组套工具、梅花扳手、开口扳手、两用扳手、活动扳手、火花塞扳手和扭矩扳手。

（1）套筒扳手组套工具。

套筒扳手组套工具（如图 2-1-18 所示）是由多个带六角孔或十二角孔的套筒并配有扳手、接杆、方向接头、转接头等多种附件组成的，拆卸螺栓或螺母方便且安全灵活，不易损坏螺母的棱角，特别适用于十分狭小的

扳手的使用

套筒扳手的使用

工作空间或凹陷很深处的螺栓或螺母。

① 套筒。

套筒（如图 2-1-19 所示）呈管状，一端内部呈六角形或十二角形，用来套住螺栓头；另一端有一个正方形的头孔（也可以叫作卯），该头孔用来与配套手柄的方榫配合。

图 2-1-18　套筒扳手组套工具

图 2-1-19　套筒

按所拆卸螺栓的扭矩和使用的工作环境不同，可将套筒分为大、中、小三个系列，并以配套扳手方榫的宽度来区分。常见的套筒规格有 6.3 mm 系列、10 mm 系列和 12.5 mm 系列，如使用英寸表示，则对应的为 1/4 in 系列、3/8 in 系列和 1/2 in 系列。

除常见的标准套筒外，还有很多特殊套筒（如图 2-1-20 所示），如六角长套筒、六角或十二角花形套筒、风动套筒、旋具套筒等。如头部制成特殊形状的螺栓、螺母，就必须采用专用套筒进行拆卸。

图 2-1-20　特殊套筒

套筒使用注意事项：选用套筒时，必须使套筒与螺栓或螺母的形状及尺寸完全适合，若选择不正确，则套筒在使用时极有可能打滑，从而损坏螺栓或螺母；不要使用出现裂纹或已损坏了的套筒，这种套筒会引起打滑，从而损坏螺栓或螺母的棱角；禁止用锤子将套筒击入变形的螺栓或螺母的六角进行拆装，避免损坏套筒。

② 扳手。

a. 棘轮扳手，如图 2-1-21 所示，头部设计有棘轮装置，在不脱离套筒和螺栓的情况下，可实现快速单方向的转动，直至操作完成后一次性从螺母上取下套筒，可以极大提高工作效率，其上有锁紧机构和快速脱落按钮。

锁紧机构如图 2-1-22 所示。通过调整锁紧机构可改变其旋转方向：将锁紧机构手柄调到左边，可以单向顺时针拧紧螺栓或螺母；将锁紧机构手柄调到右边，可以单向逆时针松开螺栓或螺母。

图 2-1-21　棘轮扳手

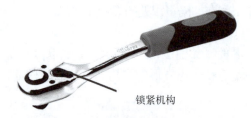

锁紧机构

图 2-1-22　棘轮扳手锁紧机构

快速脱落按钮如图 2-1-23 所示。通过按住快速脱落按钮可以快速装上或卸下套筒。

棘轮扳手接头与套筒接口的匹配，如图 2-1-24 所示。棘轮扳手的方榫与套筒的卯规格应该一致才能配套使用，否则就需要使用转换接头（将在后面介绍）。

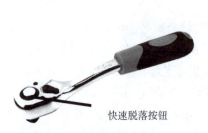

快速脱落按钮

图 2-1-23　快速脱落按钮

图 2-1-24　棘轮扳手、接头与套筒接口的匹配

棘轮扳手使用注意事项：棘轮扳手使用方便但不够结实，因此不要使用棘轮扳手对螺栓或螺母进行最后的拧紧；另外，严禁对棘轮扳手施加过大的扭矩，否则会损坏内部的棘爪结构。

b. T 型扳手又称丁字扳手，如图 2-1-25 所示，因其形状像字母"T"和汉字"丁"得名。T 型扳手由横杆和竖杆组成，竖杆的一端与横杆焊接，另一端与套筒连接。

操作 T 型扳手时，双手分别握住横杆的两端，一只手施加推力，另一只手施加拉力，从而使竖杆转动，拧紧／旋松螺栓或螺母。

c. 滑杆，如图 2-1-26 所示，由滑动方榫和圆杆组成。

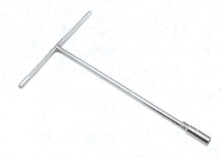

图 2-1-25　T 型扳手

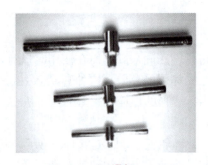

图 2-1-26　滑杆

通过滑动方榫部分，滑杆有两种使用方法：

L 型滑杆（如图 2-1-27 所示）：将方榫置于圆杆的一端，形成 L 形，有增强扭矩的作用，达到旋松或紧固螺栓的目的。

T型滑杆（如图 2-1-28 所示）：将滑动方榫置于圆杆的中间，滑杆就与 T 型扳手具有同样的功能。

图 2-1-27　L 型滑杆

图 2-1-28　T 型滑杆

d. 快速摇杆，如图 2-1-29 所示，又称摇把或弓形扳手，是旋动螺母最快的配套扳手，但不能在螺母上施加太大的扭矩，主要用于拧下（旋上）松动的螺母或螺栓。

使用快速摇杆时，左手握住摇杆端部，并保持快速摇杆与所拆卸螺栓同轴，右手握住快速摇杆弯曲部迅速旋转，如图 2-1-30 所示。

图 2-1-29　快速摇杆

图 2-1-30　快速摇杆的使用

e. 旋转扳手，如图 2-1-31 所示，也称摇头扳手或扳杆，用于拆下或更换要求大扭矩的螺栓或螺母，也可在调整好扳手后迅速旋转，但扳手很长，很难在狭窄空间内使用。

f. L 型扳手，如图 2-1-32 所示，结构简单，正因为没有铰链等角度可调的部件，所以强度高，能承受较大力量。

图 2-1-31　旋转扳手

图 2-1-32　L 型扳手

g. 旋柄，如图 2-1-33 所示，与套筒及旋具头配合，与螺丝刀手柄类似。

③ 接杆。

接杆，如图 2-1-34 所示，也称延长杆或加长杆，是套筒扳手组套工具不可缺少的一部分。日常汽车维修工作中，有 75 mm、125 mm、150 mm 等不同长度的接杆供选用，即我们常说的长接杆和短接杆。

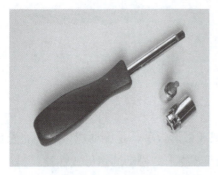

图 2-1-33　旋柄

图 2-1-34　接杆

加长杆两端分别为正方形接口和接头，其规格是一致的。两端接头的榫卯部分分别与相同规格的扳手和套筒配套使用，接头连接套筒，接口连接扳手。

接杆可用于拆卸和更换装得太深不易接触的螺栓或螺母；也可用于加大扳手和设备平面之间的距离，便于使用，使用方法如图 2-1-35 所示。

在套筒扳手组套工具中有一种较特殊的接杆——可弯式接头，如图 2-1-36 所示。可弯式接头实际就是改进的长接杆，中间部分采用特殊材料制成，弹簧状软连接是非刚性连接。可弯式接头使用相当方便，普通接杆无法完成的操作，使用可弯式接头可以轻松自如地进行。

图 2-1-35　接杆的使用　　　　　　　图 2-1-36　可弯式接头

④ 万向接头。

万向接头，如图 2-1-37 所示，方形套头部分可以前后或左右移动，配套扳手和套筒之间的角度可以自由变化，适用于特殊有限的空间。

万向接头使用时不可与气动工具配套使用，否则会使工具、零件损坏；同时在手动使用时不要使手柄切斜过大角度来施加力矩。

⑤ 转接头。

转接头，如图 2-1-38 所示，用于解决套筒扳手组套工具在使用过程中经常遇到的接头和接口不匹配的问题。

图 2-1-37　万向接头

图 2-1-38　转接头

常用的转接头有大转小（3/8 in 接口、1/4 in 接头）、小转大（1/4 in 接口、3/8 in 接头）两种功能。

当扳手或接杆接头是 3/8 in，而套筒接口是 1/4 in 时，就可以用大转小转接头。扳手或接杆的接头与大转小转接头的接口相匹配，而大转小转接头的接头与套筒的接口匹配。应用大转小转接头就可以用 3/8 in 的扳手驱动 1/4 in 的套筒。

当扳手或接杆接头是 1/4 in，而套筒接口是 3/8 in 时，就可以用小转大转接头。扳手或接杆的接头与小转大转接头的接口相匹配，而小转大转接头的接头与套筒的接口匹配。应用小转大转接头就可以用 1/4 in 的扳手驱动 3/8 in 的套筒。

（2）梅花扳手。

梅花扳手是指两端为花环状的扳手，在汽车维修中经常用到，内孔是由 2 个正六边形相互同心错开 30° 而成，且两头花环大小相差 2 mm，如图 2-1-39 所示。

在补充拧紧和类似操作中，可以使用梅花扳手对螺栓或螺母施加大扭矩。梅花扳手有各种大小，其数值标注在扳手手柄上，使用时要选择与螺栓或螺母大小对应的扳手。因为梅花扳手钳口是双六角形的，可以容易地装配螺栓或螺母。这可以在一个有限空间内重新安装。

很多梅花扳手都有弯头，常见的弯头角度是 10°～45°，从侧面看旋转螺栓部分和手柄部分是错开的。这种结构便于拆卸装配在凹陷空间的螺栓或螺母，并可以为手指提供操作间隙，以防止擦伤，如图 2-1-40 所示。

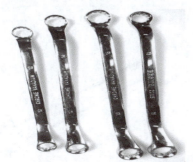

图 2-1-39　梅花扳手

图 2-1-40　梅花扳手的使用

在使用梅花扳手时，左手推住梅花扳手与螺栓连接处，保持梅花扳手与螺栓完全配合，防止滑脱，右手握住梅花扳手另一端并加力。梅花扳手可将螺栓或螺母的头部全部围住，因此不会损坏螺栓角，可以施加大扭矩。

一种新型的棘轮梅花扳手，也称为快速梅花扳手，其钳口为棘轮装置，可通过换向开关选择受力方向，如图 2-1-41 所示。棘轮梅花扳手的优点是：当操作空间狭小、每次手柄到极限位置时，只需反方向退回原始位置即可，此时棘轮装置处于打滑状态，不受力，而无须将扳罩从螺栓或螺母上取下重新安装，因而可以明显提高效率。缺点是不能施加大扭矩，否则会损坏棘轮装置。

（3）开口扳手。

开口扳手如图 2-1-42 所示，又称呆扳手或死扳手，主要分为双头开口扳手和单头开口扳手。其一端或两端带有固定尺寸的开口，其开口尺寸与螺栓头或螺母的尺寸相适应，并根据标准尺寸制作而成。

图 2-1-41　快速梅花扳手

图 2-1-42　开口扳手

开口扳手一般用于不能用套筒组套工具或梅花扳手拆卸（安装）螺栓/螺母的位置，以及防止相对的零件发生转动，例如拆卸制动卡钳螺栓，如图 2-1-43 所示。

（4）两用扳手。

两用扳手的一端为开口扳手，另一端为梅花扳手，如图 2-1-44 所示。一把两用扳手上的开口扳手和梅花扳手的规格是一致的，并以数字的形式标注在手柄上，其使用方法与开口扳手、梅花扳手使用方法一致。

图 2-1-43　拆卸制动卡钳螺栓

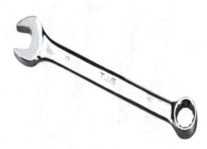
图 2-1-44　两用扳手

（5）活动扳手。

活动扳手（如图 2-1-45 所示）简称活扳手，其开口宽度可在一定范围内调节，是用来紧固和旋松不同规格的螺母或螺栓的一种工具。活动扳手由头部和柄部构成，头部由活动板唇、呆板唇、板口、涡轮和轴销构成。

活动扳手是汽车维修的常用工具，因其开口可以在一定的范围内进行调节，使用起来很方便，不但可用于标准的公制螺栓和英制螺栓，而且可用于某些自制的非标准螺栓。使用过程中一定要让钳口与螺栓头部或螺母配合完好，应做到无间隙。

活动扳手使用注意事项：转动扳手时，使调节钳口在旋转方向上，即调节钳口应在握紧手柄的手心方向上。如不用这种方法转动扳手，压力将作用在调节螺杆上，使其损坏，如图2-1-46所示。活动扳手不适于施加大扭矩。

（6）火花塞扳手。

火花塞扳手（如图2-1-47所示）是由T型扳手与火花塞专用套筒连接构成的，专门用于拆卸及更换火花塞。

图2-1-45　活动扳手　　　　图2-1-46　活动扳手使用注意事项　　　　图2-1-47　火花塞扳手

火花塞专用套筒内含有橡胶套，拆卸和安装时能更好地取下火花塞，且保护火花塞的绝缘陶瓷不受损伤。

在拆卸之前检查套筒内橡胶是否损坏或老化，防止拆卸过程中火花塞掉落。为确保火花塞正确地插入，要用手小心地旋转火花塞扳手。

还有一种火花塞专用套筒内装有一块磁铁，用以吸住火花塞，拆卸和安装更加便捷。

（7）扭矩扳手。

扭矩扳手又称扭力扳手，主要应用于规定力矩值的螺栓或螺母的装配，如底盘、气缸盖、连杆、曲轴主轴承等处的螺栓。常用的扭矩扳手有预置机械式扭矩扳手、预置电子式扭矩扳手和指针式扭矩扳手。

用其他扳手在扭矩扳手拧紧前预先拧紧（预紧），这样工作效率高；如果从一开始就用扭矩扳手拧紧，则工作效率很低。在使用扭矩扳手拧紧时要用左手握住套筒，并保持扭矩扳手的方榫部及套筒垂直于紧固件所在平面，右手握紧扭矩扳手手柄，向自己这边扳转。禁止向外推动扭矩扳手，以免滑脱而造成身体伤害。

扭力扳手的使用

① 预置机械式扭矩扳手。

预置机械式扭矩扳手（如图2-1-48所示）可通过旋转手柄，预先调整设定扭矩，达到设定扭矩时，扳手会发出"咔嗒"警告声响以提示操作者。当听到声响后，立即停止旋力以保证扭矩正确，当扳手设在较低扭矩值时，警告声可能很小，所以应特别注意。

② 预置电子式扭矩扳手。

预置电子式扭矩扳手又称数显式扭矩扳手，如图 2-1-49 所示。它是通过按键来预设扭矩值的，扭矩值可以通过数字显示窗口显示。当螺栓拧紧至预设的扭矩时，会听到蜂鸣提示音。

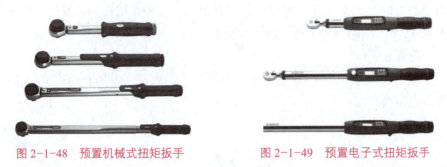

图 2-1-48　预置机械式扭矩扳手　　　　　图 2-1-49　预置电子式扭矩扳手

③ 指针式扭矩扳手。

指针式扭矩扳手（如图 2-1-50 所示）结构相对比较简单，有一个刻度盘。当紧固螺栓或螺母时，指针式扭矩扳手的杆身在力的作用下发生弯曲，这样就可以通过指针的转角度大小表示螺栓或螺母的旋转程度，其数值可通过刻度盘读出。

（8）风动拆装工具。

风动拆装工具使用压缩空气，故又称气动拆装工具，用于快速拆卸和更换螺栓或螺母。常用的风动拆装工具有两种，分别为冲击式风动扳手和棘轮式风动扳手。

① 冲击式风动扳手。

冲击式风动扳手（如图 2-1-51 所示）又称气动扳手，主要用于快速拆装较大扭矩的螺栓或螺母。

风动扳手

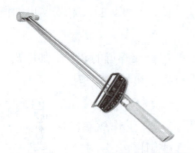

图 2-1-50　指针式扭矩扳手　　　　　图 2-1-51　冲击式风动扳手

通过旋转扭矩调节旋钮，根据气动扳手上的数字，可以改变最大输出扭矩。

通过按压旋转方向按钮，可以实现换向功能，将突出于接合平面的旋转方向按钮按压至与接合平面平齐，即可改变方形接头的旋转方向。

注：扭矩调节旋钮和旋转方向按钮大多数合二为一，但位置和形状因制造厂家的不同而不同。

通过扣动扳机可启动气动扳手，使方形接头通过专用套筒向螺栓或螺母施加扭矩，快速旋松/拧紧螺栓或螺母。松开扳机,气动扳手停止工作。

气动扳手使用注意事项:用气动扳手拧紧螺栓或螺母之前,先用手将螺母对准螺栓,再至少拧进去两圈,如果一开始就打开气动扳手,则螺纹会被损坏。与气动扳手专用套筒(图2-1-52所示)结合使用,专用套筒经过专门加工,其特点是能防止零件从传动装置上飞出,切勿使用专用套筒以外的其他套筒。不要用大扭矩拧得过紧,应使用较小的扭矩拧紧。在操作时必须用两只手握住气动扳手,因为操作过程中会产生大的扭矩,用一只手很难握牢。使用扭矩扳手再次检查紧固扭矩。

② 棘轮式风动扳手。

棘轮式风动扳手(如图2-1-53所示)适用于不需要大扭矩的螺栓或螺母的快速拆卸和更换。

图 2-1-52　气动扳手专用套筒

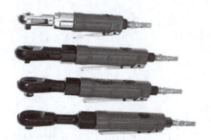

图 2-1-53　棘轮风动扳手

棘轮式风动扳手可与套筒、加长杆等结合使用,如图2-1-54所示。在没有压缩空气的情况下使用,其使用方法与棘轮扳手相同。

通过左右转动换向旋钮,可以改变方形接头的旋转方向,如图2-1-55所示。

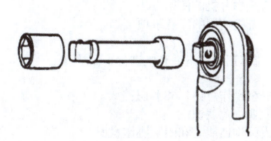

图 2-1-54　棘轮式风动扳手可与套筒、加长杆结合使用

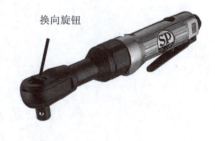

图 2-1-55　棘轮风动扳手换向旋钮

右手握住棘轮式风动扳手的手柄,四指扣压空气通断开关,即可接通空气,使方形接头带动套筒旋转,从而拧紧/旋松螺栓或螺母。

任务 2　常用举升机的使用

一、任务信息

任务 2　常用举升机的使用			
学时	2	班级	
成绩		日期	
姓名		教师签名	
案例导入	小王是一位新入职的4S店维修技师，在车辆维修需要进行车辆升降时不会正确操作举升机，如果你是一名经验丰富的维修技师，你如何教会小王正确使用举升机？		
任务目标	知识	（1）了解举升机的类型及用途； （2）掌握两柱举升机的使用方法； （3）掌握剪式举升机的使用方法； （4）了解举升机使用的注意事项	
	技能	能按照规范流程正确使用举升机进行车辆举升	
	素养	（1）树立安全操作意识、6S意识； （2）培养职业规范意识； （3）培养人际沟通能力和团队协作意识	

二、任务流程

（一）任务准备

（1）两柱举升机4台、小剪举升机4台、实训车辆4台、挡块若干。
（2）视频资源2个。
（3）举升机说明书1套。

（二）任务实施

说明：请查看相关的视频资源、文档资源和参考信息，完成以下工作任务。

1. 工作表

常用举升机的使用

（1）写出图中所示的举升机类型。

举升机名称：_____

举升机名称：_____

举升机名称：_____

举升机名称：_____

（2）写出不同类型举升机的优缺点。

举升机类型	优点	缺点
两柱举升机		
四柱举升机		
小剪举升机		
大剪举升机		

（3）下图为小剪举升机的操作面板，写出面板上各个开关和按键的功能。

（4）举升机举升前应注意什么？

（5）简要写出小剪举升机的操作步骤。

（6）简要写出两柱举升机的操作步骤。

（7）写出举升机使用的注意事项。

（8）开展组内自评与组间互评。

（9）进行实训场地6S。

2. 参考信息

2.1 举升机分类

举升机是汽车维护与保养作业中必不可少的车辆提升设备，常用举升机有两柱举升机、四柱举升机、剪式举升机等几类。一般采用电动液压操纵系统驱动，设有双保险自锁保护装置，具有升降平稳、安全可靠、使用方便等特点。

（1）两柱举升机。

图 2-2-1 所示为两柱举升机，有电动液压和电动链条两种牵引方式，其立柱为固定式，适用于 3t 以下汽车的专业维修。其优点是将车辆举升后，四轮悬空，车辆下方空间较大，底盘检查、紧固底盘螺栓、拆卸轮胎等都比较方便。

（2）四柱举升机。

图 2-2-2 所示为四柱举升机，有电动液压和电动链条两种牵引方式，其优点是开关操纵，升降方便，提升质量可达 8t 且稳定性好，能满足载货汽车等较大车辆的维护之用，缺点是占用场地大。四柱举升机除了用于维修保养，还可以用来做四轮定位的车辆举升工具。

图 2-2-1　两柱举升机

图 2-2-2　四柱举升机

（3）剪式举升机。

剪式举升机主要特点是占地面积小，安全性能好，升降台下降时有启锁反馈信号，工作可靠，操作简便。尤其是全液压工作系统，需另外配置压缩空气源，适合多种场合应用。剪式举升机有小型剪式举升机和大型剪式举升机两种类型，如图 2-2-3 和图 2-2-4 所示。

图 2-2-3　小型剪式举升机

图 2-2-4　大型剪式举升机

小型剪式举升机简称小剪举升机，与两柱举升机和龙门举升机功能一致，优点是节省横向空间，完全落下后全部卧在地下，保持地面平整，车辆进出举升工位比较方便。

大型剪式举升机简称大剪举升机,与四柱举升机功能一致,优点也是节省横向空间,完全落下后全部卧在地下,保持地面平整,车辆进出举升工位比较方便。

2.2 小剪举升机的使用操作

(1)举升前清扫举升机附近妨碍作业的器具及杂物,同时操纵控制开关,确认控制台工作正常,如图 2-2-5 所示。

图 2-2-5　检查控制台及清洁工位

(2)将车辆停靠在合理的位置(如图 2-2-6 所示),将挡位放置空挡或者 P 挡,并拉紧驻车制动器。放置举升垫块于车辆举升点下方(如图 2-2-7 所示),控制举升机举升,当举升垫块将要接触到举升点时,停止举升,调整举升垫块位置。

图 2-2-6　合理停靠位置　　　　图 2-2-7　车辆举升点

(3)调整完成后继续举升,当车辆离地后停止举升,检查车辆是否有偏斜,检查车辆受力是否稳定、是否支撑牢固,如图 2-2-8 所示。

图 2-2-8　检查车辆是否支撑牢固

(4)举升过程中不能碰到其他物体,车辆升到理想位置时,按下落锁按钮,齿条啮合后(如图 2-2-9 所示)工作人员方可进入车下进行作业。

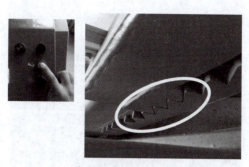

图 2-2-9 举升机锁止

（5）作业完成后，打开电源开关，上升举升机一段距离，使齿条分开，按下下降按钮，下降车辆至地面，驶出车辆，并填写举升机使用记录本。

2.3 两柱举升机的使用操作

（1）举升前准备工作。

① 清除举升机及周围的工具、物品等。

② 按住下降手柄直至活动架完全降落，将支撑臂缩至最短并向外偏转至最大角度，如图 2-2-10 所示。

两柱举升机的使用

图 2-2-10 支撑臂缩至最短并向外偏转至最大角度

③ 车辆驶入举升机的中心位置（如图 2-2-11 所示），小心打开车门，避免碰撞、划伤车门。

图 2-2-11 车辆驶入举升机的中心位置

④调整支撑臂长度并将支撑垫回转至车辆厂家规定的支撑点上,如图 2-2-12 所示。

图 2-2-12　厂家规定的支撑点

(2) 举升车辆。

①打开举升机电源开关,如图 2-2-13 所示。

图 2-2-13　打开电源开关

②按住举升按钮举升车辆,直至车轮离开地面 10 厘米左右(如图 2-2-14 所示),停止举升。

图 2-2-14　车辆离开地面 10 厘米左右

③晃动车辆检查车辆支撑是否牢固(如图 2-2-15 所示),若不牢固需要重新支撑,若牢固则继续举升至所需高度。

图 2-2-15　晃动车辆检查车辆支撑是否牢固

④ 在举升过程中须保证区域安全,如有问题立即按下应急开关(如图 2-2-16 所示),停止举升。

图 2-2-16　按下应急开关

⑤ 按住下降手柄,车辆下降 10 厘米左右被锁定不再下降,此时维修人员方可检修车辆。
(3) 下降车辆。
① 工作人员离开举升车辆底部,清除工作场地物品。
② 向上举升车辆 10 厘米左右,解除举升机锁定(如图 2-2-17 所示),停止举升。

图 2-2-17　解除举升机锁定

③ 同时向下按住举升机解锁手柄和下降手柄（如图 2-2-18 所示），举升机下降，下降过程中确保区域安全，如有危险须立即停止下降。

④ 确认举升机完全降到底后，向外偏转支撑臂至最大角度，确认车辆驶出路线没有闲散人员和物体，将车辆驶离举升区域。

⑤ 关闭电源开关。

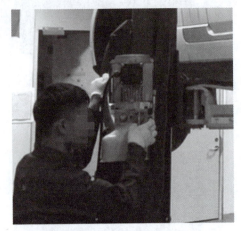

图 2-2-18　按住举升机解锁手柄和下降手柄

2.4 举升机使用注意事项

（1）车辆的总质量不能大于举升机的举升能力。

（2）根据车型和停车位置的不同，尽量使车辆的重心与举升机的重心相接近，严防偏重。

（3）举升机在使用前应清除附近妨碍作业的器具及杂物，并检查操作手柄是否正常。

（4）转动、伸缩、调整举升臂至车辆底盘指定位置并使其接触牢靠。

（5）车辆举升和下降时工作人员离开举升机工作范围，举升机操作人员需大声提醒他人举升机处于工作状态，避免事故的发生。

（6）车辆举升时，要在车辆离开地面较低位置时进行支撑点复检，无异常现象时方可举升至所需高度。

（7）举升机两侧应同时上升、同时下降。

（8）发现操作机构不灵、电机不同步、托架不平或液压部分漏油等故障，应及时报修，不得带病操作。

（9）作业完毕应清除杂物，打扫举升机周围以保持场地整洁。

任务3　常用量具的使用

一、任务信息

任务3　常用量具的使用			
学时	2	班级	
成绩		日期	
姓名		教师签名	
案例导入	车辆在进行2万公里保养的时候需要测量制动盘的厚度、振摆和制动摩擦片的厚度,为了测量精准需要熟练掌握测量工具的使用和读数		
任务目标	知识	(1)了解汽车维修中常用的量具类型; (2)掌握常用量具(游标卡尺、千分尺、百分表、间隙规)的正确使用方法及注意事项	
	技能	能够正确使用常用量具对被测部件进行测量	
	素养	(1)树立安全操作意识、6S意识; (2)培养职业规范意识、团队协作能力	

二、任务流程

(一)任务准备

(1)待测总成零部件若干、游标卡尺8个、百分表8个、间隙规8个、外径千分尺8个、量缸表8个、磁力表座8个。

(2)视频资源3个。

(二)任务实施

说明:请查看相关的视频资源、文档资源和参考信息,完成以下工作任务。

1. 工作表

常用量具的使用

(1) 如图所示，螺杆每转动一周，测杆将前进或后退（　　）毫米。

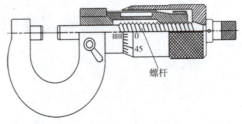

(2) 根据下列图片完善游标卡尺的结构。

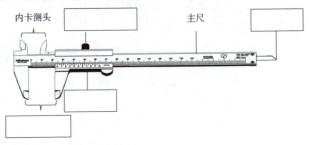

(3) 根据下列图片完善千分尺的结构。

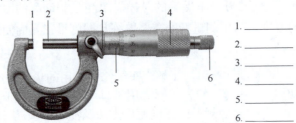

1.
2.
3.
4.
5.
6.

(4) 根据下列图示，写出相对应的百分表的用途。

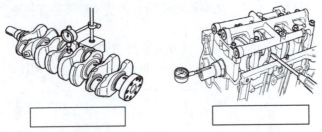

(5) 写出图示游标卡尺的读数。（　　　　）

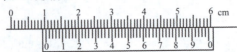

(6) 组间互评：相互提问相互考核。

_____

_____

(7) 进行场地 6S。

2. 参考信息

2.1 游标卡尺

游标卡尺可测量物体的深度、长度、外径、内径。根据游标尺的不同可分为标准型、刻度盘指示器型和数显型，如图 2-3-1 所示。

游标卡尺的使用

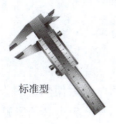
标准型

刻度盘指示器型

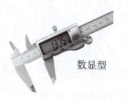
数显型

图 2-3-1 游标卡尺

（1）游标卡尺结构。

虽然游标卡尺的种类不同，但是主要结构却无明显差别，下面以标准型游标卡尺的结构为例介绍，如图 2-3-2 所示。

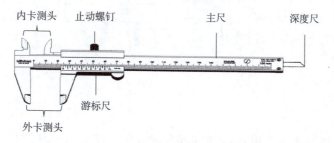

图 2-3-2 游标卡尺结构

游标卡尺由主尺和附在主尺上能滑动的游标尺两部分构成。游标尺上部有一止动螺钉，可将游标尺固定在主尺上的任意位置。

主尺上带有固定的外卡测头和内卡测头，游标尺上有可移动的外卡测头和内卡测头。外卡测头通常用来测量物体外径、长度等，而内卡测头通常用来测量内径。在游标卡尺背面深度尺与游标尺相连，与深度尺的参考面一起可测量物体的深度。

（2）游标卡尺的量程和精度。

游标卡尺常见量程有 0~150 mm，0~200 mm，0~300 mm 三种量程。

主尺一般以毫米为单位，游标尺上则有 10、20 和 50 个分格，根据分格的不同，游标卡尺可分为 10 分度游标卡尺、20 分度游标卡尺和 50 分度格游标卡尺，而游标尺的刻度分别为 9 mm、19 mm 和 49 mm，相对应的精度也就是 0.1 mm、0.05 mm、0.02 mm。

（3）游标卡尺的用途。

① 测量内径。

将主尺的内卡测头与游标尺的内卡测头紧贴着被测零件的内径，测头必须位于直径上，反复测量几次，采用数据最大的测量结果，如图 2-3-3 所示。

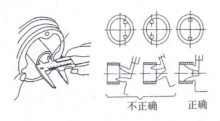

图 2-3-3　测量内径

② 测量外径。

将被测零件放在主尺的外卡测头与游标尺的外卡测头之间,然后使两个测头向被测零件靠拢。应将测头置于被测零件的中间部位(最厚的部位),卡尺测头必须紧贴被测零件的表面并成直角,如图 2-3-4 所示。测头的尖端(最薄的部位)只能测量窄槽的外径,因为其更容易被磨损。

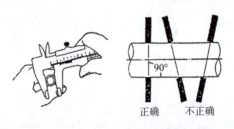

图 2-3-4　测量外径

③ 测量深度。

使用深度尺测量孔的深度或阶梯式部分的长度。将参考面(游标卡尺尺身的末端)紧贴着被测零件的端点,然后将深度尺紧贴在被测零件的另一端,同时深度尺的末端有一倒角,使该尺能够避过槽或孔底部的圆角。测量槽或孔的深度时,将游标卡尺的倒角面面向壁面,如图 2-3-5 所示。

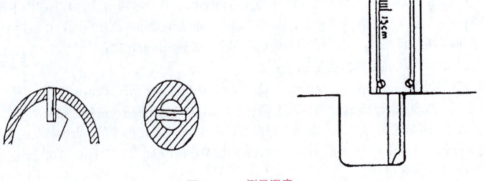

图 2-3-5　测量深度

(4) 游标卡尺读数方法。

以测量精度为 0.02 mm 的游标卡尺为例(如图 2-3-6 所示),介绍游标卡尺的读数方法。

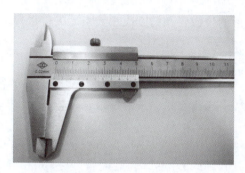

图 2-3-6　精度为 0.02 mm 的游标卡尺

① 读取主尺尺身数值。

读出游标尺"0"刻度线左边与主尺尺身相邻的第一条刻度线的整毫米数,即得到被测零件的整数值,如图 2-3-7 所示,整数值为 39 mm。

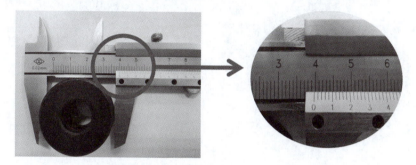

图 2-3-7　主尺尺身数值

② 读取游标尺尺身数值。

读出游标尺上与主尺刻度线对齐的那一条刻度线所表示的数值,即得到被测零件的小数值。例如,游标尺上与主尺刻度线对齐的那一条刻度线(如图 2-3-8 所示),与游标尺"0"刻度线相隔 36 个小格,则测量值的小数位 0.02×36=0.72(mm)。

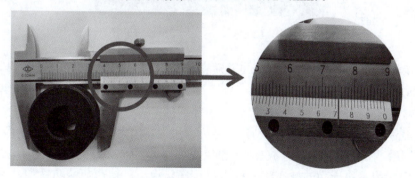

图 2-3-8　游标尺尺身数值

③ 算出测量值。

将整数值与小数值相加即为最终测量值。图 2-3-7 所示游标卡尺的测量值为 39+(0.02×36)=39.72(mm)。

注： 游标卡尺小数点后的位数要和精度值小数点后的位数保持一致，不足位数的用"0"来补位。

（5）游标卡尺使用注意事项。

① 使用前测定内卡测头和外卡测头的密合状态：测头必须完全密合，如图2-3-9所示。测头在密合状态下，能够看到少许光线表示密合良好；反之，如果穿透光线很多，则表示密合不佳。

② 使用前零点校正：当测头密切结合后，主尺和游标尺的"0"刻度线必须成一条直线，如图2-3-10所示。

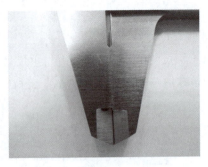

图2-3-9　测头密合状态

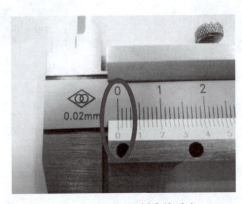

图2-3-10　"0"刻度线重合

③ 使用前游标尺的移动状况：游标尺必须能够在主尺上轻轻地移动而不会发出声音才行。若出现密合不佳、"0"刻度线不一致或移动困难等情况，则更换新游标卡尺后再进行测量。

④ 使用后注意不要摔落游标卡尺。若游标卡尺损坏，无法获得精确的测量。

⑤ 使用后不要将游标卡尺存放在阳光照射之处，或存放在温度变化大的地方。

⑥ 使用后用一块干净的抹布将游标卡尺擦净，涂上一层薄薄的防锈油，然后将游标卡尺存放于卡尺盒内。

2.2 百分表

百分表是一种精确的测量工具，用于测量动程，在汽车检查和保养方面有多种实际用途，典型的例子是检查制动盘振摆。当使用百分表时，正确的使用方法非常重要。

（1）百分表结构。

百分表由仪表面、测量杆和探头组成，如图2-3-11所示。探头可探测物体的运动，仪表面可以显示相应的运动程度。仪表面通常包括一根长指针和一根短指针，长指针的单位为1/100 mm，长指针每转动一圈，短指针就增加一个单位（表示运动1 mm）。仪表面上的刻度可以旋转，以便与长指针的零点成一直线，从而使测量更加容易。

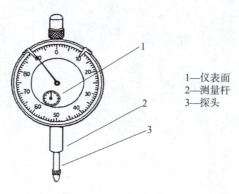

图2-3-11　百分表结构

1—仪表面　2—测量杆　3—探头

此外，仪表面的边缘还有两个活动标志，这两个标志用于记录长指针偏转的最大值与最小值。

（2）百分表功能。

① 测量振摆。

测量振摆用于了解部件是否在运转或转动时偏斜。横向振摆测量是对制动盘、曲轴等进行测量，如图2-3-12所示。

② 测量齿隙。

齿隙是指齿轮之间的空隙。齿隙的测量值可用于确定齿轮是否被磨损，是否需要更换或重新填隙，使齿轮规格恢复正常。例如，在测量差速器行星齿轮时，可以获得齿轮的齿隙，如图2-3-13所示。

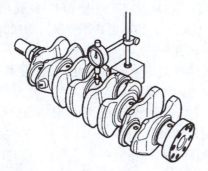

图2-3-12　测量横向振摆

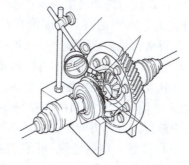

图2-3-13　测量齿隙

③ 测量轴向间隙。

轴向间隙是指轴向间隙或线性间隙（端隙）。实际上，测量轴向间隙通常是指测量曲轴（如图2-3-14所示）与凸轮轴的轴向间隙。

(3) 百分表使用方法。

① 百分表固定。

百分表既可在被拆卸的部件上测量，又可在仍处于正常装配状态下的部件上测量。为了获得精确的测量结果，在任何测量情形下，正确牢固地安装百分表极其重要。因此，首先使用磁力表架或其他合适的固定工具安装百分表，如图 2-3-15 所示。

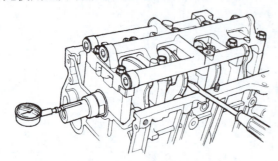

图 2-3-14　测量轴向间隙

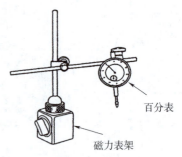

图 2-3-15　百分表固定

② 百分表测量。

将指示器探头对着被测部件放置，注意，探头必须与被测部件的运动方向平行并列成一行。然后，将百分表向测量对象推进，直到百分表指针绕着仪表面移动得足够远，可以从任何一个方向读取移动数据。

例如，在开始测量之前，对百分表进行零位调整，如果长指针移至顺时针标志和逆时针标志指示的位置（分别为 10 和 90，如图 2-3-11 所示），那么测量对象的移动情况如下：

顺时针方向 =0.10 mm；

逆时针方向 =0.10 mm；

因此，整个运动 =0.10+0.10=0.20（mm）

注：在每一种情形下，长指针顺时针方向和逆时针方向的移动程度不一定相同。

(4) 百分表使用注意事项。

① 使用前，应检查测量杆活动的灵活性。用手轻轻推动测量杆时，测量杆在套筒内的移动要灵活，没有任何轧卡现象；每次手松开后，指针能回到原来的刻度位置。

② 使用时，必须把百分表固定在可靠的夹持架上。切不可贪图省事，随便夹在不稳固的地方，否则容易造成测量结果不准确，或摔坏百分表。

③ 测量时，不要使测量杆的行程超过它的测量范围，不要使表头突然撞到部件上，也不要用百分表测量表面粗糙或有显著凹凸不平表面的部件。

④ 测量平面时，百分表的测量杆要与平面垂直，测量圆柱形部件时，测量杆要与部件的中心线垂直，否则将使测量杆活动不灵或测量结果不准确。

⑤ 为方便读数，在测量前一般使长指针指到刻度盘的零位。

2.3　间隙规

(1) 间隙规介绍。

间隙规也称厚薄规或塞尺，实际上是不同厚度的金属尺片的组合，如图 2-3-16 所示。间隙规是一种精密测量工具，用于小间隙的测量。一般来讲，最薄的尺片厚度为 0.03 mm，最厚的尺片厚度约为 1.0 mm。

间隙规的使用

间隙规特别适用于以下类型间隙的测量:气门间隙、发动机机油泵间隙、传动齿轮的自由间隙、车速传感器磁极零件间隙。

此外,如果与直尺一同使用,间隙规还可用于测量缸体和缸盖的翘曲,如图2-3-17所示。

图2-3-16 间隙规

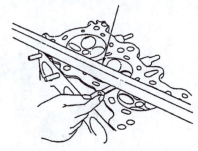

图2-3-17 测量缸盖翘曲

(2)间隙规使用方法。

① 在开始测量之前,先用干净的抹布将间隙规的尺片擦一遍。

② 将适当厚度的尺片插入间隙中进行测量,如图2-3-18所示,注意不要弯曲或损坏尺片尖。

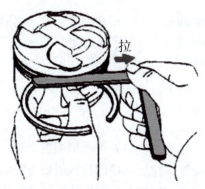

图2-3-18 间隙规测量

如果利用一个尺片无法获得适当的厚度,那么可以用两个或三个间隙规尺片。但是,所使用的尺片数量越多,测量产生误差的可能性越大。因此,应尽量使用少量尺片。

③ 将尺片或几个尺片从间隙中撤出来。如果间隙规的厚度正确,那么在撤出时,会感到稍微有一点阻滞力(大约400 g)。读出间隙规的总体厚度。

④ 测量完成后,将尺片彻底地擦一遍,并在上面涂上一层防锈蚀润滑油。

(3)间隙规使用注意事项。

① 为了避免间隙规顶部弯曲或损坏,切勿强行将其推入待测部位。

② 在把间隙规放起来前,要清洁其表面并涂油,防止生锈,并且存放在干燥的地方。

③ 如果间隙规磨损或损坏,则应更换。

2.4 外径千分尺

外径千分尺是精确的测量工具,可精确到1/1 000 mm,并可以对许

外径千分尺的使用

多系统进行测量,其中包括制动系统、变速箱及发动机等。

(1)外径千分尺结构。

外径千分尺由测砧、测微螺杆、锁销、固定套筒、螺旋套筒、棘轮止动器等装置组成,如图 2-3-19 所示。

1—测砧
2—测微螺杆
3—锁销
4—固定套筒
5—螺旋套筒
6—棘轮止动器

图 2-3-19　外径千分尺结构

(2)外径千分尺类型。

千分尺具有几个规格,根据测量部件的大小,选取合适的规格。其规格大致分为 0~25 mm、25~50 mm、50~75 mm、75~100 mm 等。

(3)外径千分尺工作原理。

测微螺杆右半部分加工成螺距为 0.5 mm 的螺杆,测微螺杆每转动一周,螺杆前进或后退 0.5 mm。螺旋套筒圆周表面上有 50 个等分刻度,每转动一个刻度,测微螺杆前进或后退 0.01 mm(0.5 mm÷50 =0.01 mm)。可见,螺旋套筒上的每一刻度表示 0.01 mm,所以千分尺可精确到 0.01 mm。由于还能再估读一位,可读到毫米的千分位,故又名千分尺。

(4)外径千分尺使用方法。

①零点校准。

使用外径千分尺测量前,检查其读数是否精确相当重要。做这项工作时,首先要把螺旋套筒拧紧到与测砧接触的位置,然后稍稍回拧到刚要与测砧接触的位置。下一步,慢慢扭转棘轮止动器,直到测微螺杆恰好接触到测砧并听到"咔嗒"一声响,该声响表示已施加了适当的扭矩值。其后,确定零刻度线与指针线对齐。

若没有对齐,则利用外径千分尺工具附件按照以下方法扭转螺纹测杆套,以进行调零:

a. 如果误差低于 0.02 mm,使锁销闭合,以便固定测微螺杆,然后使用图 2-3-20 所示的调整扳手,移动和调整固定套筒的轴向位置。

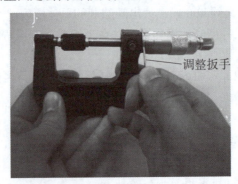

调整扳手

图 2-3-20　误差低于 0.02 mm 调整

·52·

b. 如果误差大于 0.02 mm，使锁销闭合，以便固定测微螺杆。用调整扳手按图 2-3-21 中箭头方向松开棘轮止动器，将螺旋套筒的零刻度线与固定套筒的基准线对齐。

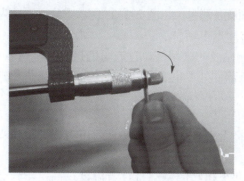

图 2-3-21　误差大于 0.02 mm 调整

② 测量操作。

将被测部件置于测砧与测微螺杆之间。扭转螺旋套筒，直到测微螺杆与被测部件相接触，如图 2-3-22 所示，然后扭转棘轮止动器，直到听到"咔嗒"声。

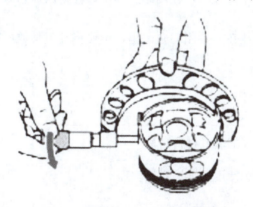

图 2-3-22　将外径千分尺与被测部件相接触

以图 2-3-23 所示为例，根据螺旋套筒的前边缘在固定套筒的位置，读出主尺数值（读出大于 0.5 mm 的数值）。特别需要注意的是 0.5 mm 的刻度线是否露出，图 2-3-23 中螺旋套筒前边缘在 55.5 mm 后面，所以主尺读数为 55.5 mm。

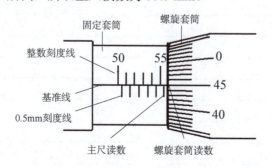

图 2-3-23　外径千分尺读数

其后，从固定套筒上的基准线所对应的螺旋套筒上的数值，读出小于 0.5 mm 的小数。图 2-3-23 中螺旋套筒上对应基准线的刻度是 45，读数应为 0.45 mm（45×0.01 mm＝0.45 mm）。最后二者相加就是测量值，图 2-3-23 所示千分尺读数为 55.5+0.45＝55.95（mm）。

（5）外径千分尺使用注意事项。

① 不要用手指触摸测砧及测微螺杆，这有可能造成其生锈。

② 测量前，确认被测部件处于室温下以及被测部件和测砧及测微螺杆表面清洁、干燥。

③ 始终拿着千分尺，以便测微螺杆和测砧与被测部件表面全面接触，千分尺与直表面保持 90°，位于圆形表面的中央。

④ 测量时，一定要轻微地施加压力，太大的压力会导致错误读数，并使测微螺杆的刻度线变形。

⑤ 不要紧贴着测砧向下扭转测微螺杆，若温度过高，不仅会损坏表面，还会使仪器框架变形。

⑥ 不要使用压缩空气清理千分尺，压缩空气会将灰尘吹入千分尺内部，导致仪器过早老化及测量不准确。

⑦ 若将千分尺摔落，再次使用前应用块规或标准器检查其精确度。

⑧ 保存擦拭干净的千分尺时，在测砧及测微螺杆上涂抹一薄层油，确认测砧与测微螺杆之间存在小的间隙。

⑨ 将每个千分尺存放在其专用的盒子里，不要将其与其他可能会损坏或弄脏千分尺的工具混放。

三、参考书目

序号	书名或材料名称	说明
1	《汽车使用与维护考核教程》	北京理工大学出版社
2	智慧职教	

四、学生笔记

_____
_____
_____
_____
_____
_____
_____
_____
_____

模块三

汽车的使用

学习任务与能力矩阵	
任务	能力
任务1：车钥匙的使用	能够正确使用各种类型车钥匙
任务2：汽车各箱盖的开启和关闭	能够正确开启和关闭各箱盖
任务3：点火开关的操作	能够正确使用各类型的点火开关
任务4：变速杆的操作	能够正确操纵变速杆
任务5：座椅的使用	能够正确调节座椅
任务6：安全带的使用	能够正确使用安全带
任务7：方向盘的使用	能够正确使用和调节方向盘
任务8：后视镜的使用	能够按照标准规范正确调节后视镜
任务9：灯光开关的操作	能够正确操纵车辆灯光开关
任务10：雨刮器的使用	能够正确使用雨刮器
任务11：电动车窗的使用	能够正确操纵电动车窗
任务12：天窗的使用	能够正确使用天窗
任务13：中控门锁的使用	能够正确使用中控门锁
任务14：儿童锁的使用	能够正确操纵儿童锁
任务15：仪表的使用	能够识别汽车仪表的类型和含义
任务16：空调的使用	能够正确使用空调
任务17：多媒体的使用	能够正确使用多媒体

任务1　车钥匙的使用

一、任务信息

任务1　车钥匙的使用			
学时	2	班级	
成绩		日期	
姓名		教师签名	
案例导入	客户向4S店打电话求助，车钥匙不好用了，4S店救援人员赶到现场，发现是车钥匙电池电量不足的原因。客户觉得很不好意思，提出由4S店人员做一个车钥匙使用的视频说明		
任务目标	知识	（1）熟知车钥匙的各种类型； （2）了解车钥匙上各符号的含义	
	技能	能够正确使用各种类型车钥匙	
	素养	（1）培养学生自主学习的能力； （2）树立学生安全的工作意识	

二、任务流程

（一）任务准备

（1）实训车辆4台，各种类型车钥匙若干。
（2）视频资源3个。

（二）任务实施

说明：请查看相关的视频资源、文档资源和参考信息，完成以下工作任务。

1. 工作表

车钥匙的使用

（1）观察下图，完善功能开关的含义。

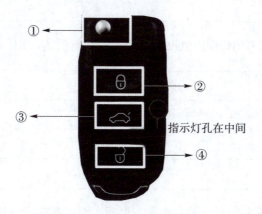

① _____
② _____
③ _____
④ _____

（2）当电子车钥匙没有电时，用什么方法可以开启车门？
_____
_____
_____

（3）使用本田思域车辆进行实训，按照使用说明手册使用车钥匙各功能键，并记录车钥匙上各功能键的含义。

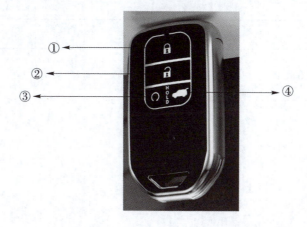

① _____

② _____

③ _____

④ _____

（4）如果车钥匙没有电，身边也没有备用电池和车钥匙，用什么方法可以打开车门？
_____
_____
_____
_____
_____

（5）根据各组实际实训车辆的车钥匙，说明车钥匙各功能键的功用。
_____
_____
_____
_____
_____

（6）组内自评和组间互评。
_____
_____
_____
_____
_____

（7）进行场地6S。

2. 参考信息

通常车辆必须先解锁才能打开车门，车门解锁有两种方式：使用遥控器解锁和使用机械钥匙解锁。由于绝大多数汽车都配置了防盗系统，如果使用机械钥匙直接解锁开启车门，车辆会立刻报警，进入车辆后也无法正常起动发动机，所以，正常情况下，均使用遥控器解锁后打开车门。

车门的开启和关闭

2.1 常见车钥匙的类型

常见的车钥匙多为遥控车钥匙，由机械钥匙和遥控器组成。遥控车钥匙有三种常见的类型，分别为分开式、整体式和折叠式，如图3-1-1所示。

车钥匙类型介绍

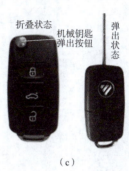

（a） （b） （c）

图 3-1-1 车钥匙的种类

（a）分开式车钥匙；（b）整体式车钥匙；（c）折叠式车钥匙

2.2 折叠式车钥匙使用方法

如图3-1-1（c）所示，折叠式车钥匙由锁车键、行李箱开启键、解锁键和机械钥匙构成。机械钥匙弹出按钮位于折叠式车钥匙的左上角。按下这个按钮，机械钥匙即会弹出；再次按下该按钮，用另一只手可以将机械钥匙恢复成折叠状态，以便随身携带。

车钥匙的使用

（1）小锁头关闭状态标志为锁车键，按下锁车键可以使车门落锁，同时车灯闪烁1~2下。有些汽车的防盗系统配置了语音提示装置，按下锁车键时会有语音提示。如果按下锁车键时车灯无反应，也听不到语音提示，则需要拽一下车门，以确认车门是否锁上。这种情况下，多数为车门或行李箱盖未关严。

另外，在一些高级车型上，长按锁车键可以自动升起车窗玻璃，也可以自动关闭天窗。

（2）小锁头打开状态为解锁键，按下解锁键可以使车门解锁，同时车灯闪烁1~2下，拉车门把手即可打开车门，进入车内。有的汽车按一下解锁键只能使驾驶员车门解锁，按两下才能使全部车门解锁。

图3-1-1（c）中第二个标志为行李箱开启键，长按该键即可自动开启行李箱盖。在国内，行李箱一般位于车辆后部，所以又称为后备箱。因此也可以说，长按此键可以自动打开后备箱盖。

任务 2　汽车各箱盖的开启和关闭

一、任务信息

	任务 2　汽车各箱盖的开启和关闭		
学时	2	班级	
成绩		日期	
姓名		教师签名	
案例导入	一位新手车主,发现油箱盖板处有油液渗漏,去4S店维修。经过技师检查,是由于油箱在加满油液时油箱盖没有拧到标准位置,导致在颠簸路面会有油液溢出		
任务目标	知识	(1)熟知各箱盖的作用; (2)了解各箱盖开启和关闭的注意事项	
	技能	能够正确地打开和关闭各箱盖	
	素养	(1)培养学生自主学习的能力; (2)树立学生安全的工作意识	

二、任务流程

(一)任务准备

(1)实训车辆 4 台,车身保护用具 4 套。

(2)视频资源 3 个。

(二)任务实施

说明:请查看相关的视频资源、文档资源和参考信息,完成以下工作任务。

1. 工作表

汽车各箱盖的开启和关闭

（1）下图中哪个是驾驶室内发动机箱盖的开启开关？找出来画"√"。

（2）打开驾驶室内发动机箱盖开关，发动机箱就能开启吗？简要说明怎样打开发动机箱盖。

_____
_____
_____

（3）发动机箱盖的支撑杆都有哪几种形式？写出下图发动机支撑杆的形式。

_____
_____
_____

（4）行李箱盖的开启方法有几种？简述方法和步骤。
_____
_____
_____
_____

（5）标出下图各部分的名称。

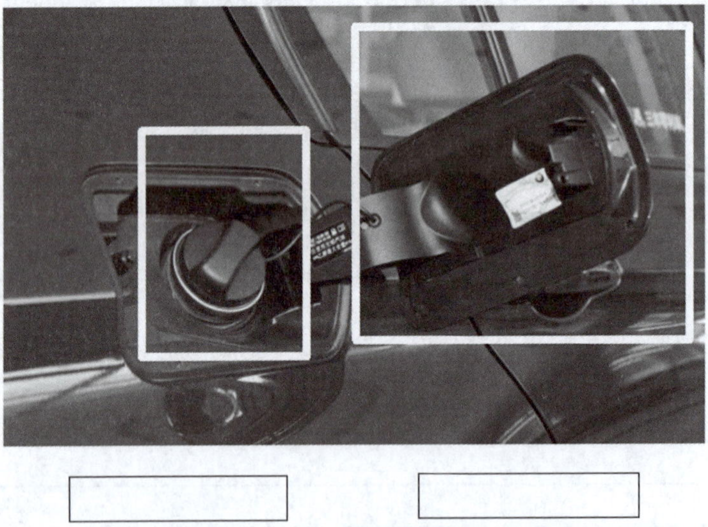

（6）说出你所实训的车辆油箱盖的开启方法。
_____
_____
_____
_____

（7）组内自评和组间互评。
_____
_____
_____
_____

（8）进行场地 6S。

2. 参考信息

2.1 发动机箱盖的开启方法

（1）一般发动机箱盖开关在汽车驾驶室内驾驶员侧 A 柱上，扳动发动机箱盖开关，发动机箱盖会响一声，同时弹起 1 cm 左右。

发动机箱盖的开启和关闭

（2）走到汽车正前方，将一只手手心向上伸到发动机箱盖下方，抬起发动机箱盖。

（3）另一只手从发动机箱盖下方的缝隙中伸进去找开箱盖的扳把。各车型的扳把位置基本相似，但动作方向可能不同，有的车型是向上扳动扳把，有的车型是向左扳动扳把，还有的车型是向右扳动扳把。

（4）拿起发动机箱盖机械式支撑杆对准支撑孔，将发动机箱盖支起（如图 3-2-1 所示）；如果是液压式支撑杆（如图 3-2-2 所示），则会自动支撑。

图 3-2-1　机械式发动机箱盖支撑杆

图 3-2-2　液压式发动机箱盖支撑杆

2.2 发动机箱盖的关闭方法

（1）如果发动机箱盖支撑杆是机械式的，则用一只手抬起发动机箱盖，用另一只手将支撑杆放回原来的位置，然后用手托着发动机箱盖降至距离发动机箱盖底座 10 cm 处，将手抽出，发动机箱盖依靠重力下落关闭。

（2）如果发动机箱盖支撑杆是液压式的，则用双手快速按压发动机箱盖至距离发动机箱盖底座 10 cm 处，双手离开发动机箱盖，发动机箱盖依靠重力下落关闭。

无论采用哪种支撑杆，都不要用手按压发动机箱盖，防止将发动机箱盖表面压出凹坑。

后备箱盖的开启和关闭

2.3 行李箱盖的开启方法

行李箱盖的开启方法有 4 种，分别为遥控开启、钥匙开启、车内开启、感应开启。

（1）遥控开启。

一般轿车遥控车钥匙上带有行李箱盖开启键，长按行李箱盖开启键即可自动开启行李箱盖。

（2）钥匙开启。

有的轿车行李箱盖上有钥匙孔，如图 3-2-3 所示。将汽车的机械钥匙插入钥匙孔内并顺时针旋转，即可打开行李箱盖。

(3) 车内开启。

绝大多数轿车内部有行李箱盖开关，其位置一般在驾驶员座椅左侧的地板上，如图 3-2-4 所示。用左手食指和中指向上扳动行李箱盖开关，行李箱盖会响一声，同时开启。

(4) 感应开启。

在一些高档轿车上还设置行李箱盖感应开启功能，这会大大方便驾驶员。例如，一汽-大众生产的新迈腾轿车，驾驶员随身携带遥控车钥匙，抱着东西走近行李箱时，右脚向前做一个踢的动作，行李箱盖就会自动开启，如图 3-2-5 所示。

图 3-2-3　行李箱钥匙孔　　　图 3-2-4　行李箱盖开关　　　图 3-2-5　感应开启行李箱

2.4 行李箱盖的关闭方法

行李箱盖关闭很简单，双手同时快速向下按压行李箱盖，行李箱盖距离底座 5 cm 左右时，双手离开行李箱盖，行李箱盖靠惯性下落关闭。行李箱盖关闭后，不要用手按压，防止在行李箱盖表面压出凹坑。如果是用机械钥匙开启的行李箱盖，在行李箱盖关闭后需要将钥匙拔出。

2.5 油箱盖板的开启和关闭方法

大多数油箱盖板开关设置在驾驶员座椅左侧地板上，与行李箱盖开关的位置接近（如图 3-2-4 所示）。用左手食指向上扳动油箱盖板开关，即可打开油箱盖板。用手轻轻一推，即可关闭油箱盖板。有的车辆驾驶员座椅左侧地板没有单独的油箱盖板开关，这时只要轻轻一按油箱盖板就可以打开。

油箱盖的开启和关闭

油箱盖的开关如图 3-2-6 所示。油箱盖通过螺纹旋入油箱管口，逆时针转动几圈后即可将油箱盖拧出，顺时针转动油箱盖即可将其旋入油箱管口并拧紧。大多数油箱盖带有扭转限制器，拧到一定程度时会打滑并发出"咔嗒"声，一般 3~6 下"咔嗒"声，说明油箱盖已经拧紧。

图 3-2-6　油箱盖的开关

任务3　点火开关的操作

一、任务信息

任务3　点火开关的操作		
学时	2	班级	
成绩		日期	
姓名		教师签名	
案例导入	客户向4S店打电话求助，汽车发动机打不着火了，要求拖车。4S店人员赶到现场后做了简单检查，由于控制点火开关的负极搭铁线接触不良导致点火开关故障		
任务目标	知识	（1）熟知点火开关的类型； （2）了解点火开关的原理	
	技能	能够正确使用各类型的点火开关	
	素养	（1）培养学生自主学习的能力； （2）树立学生安全的工作意识	

二、任务流程

（一）任务准备

（1）实训车辆4台，车身保护用具4套。
（2）视频资源5个。

（二）任务实施

说明：请查看相关的视频资源、文档资源和参考信息，完成以下工作任务。

1. 工作表

点火开关的操作

（1）点火开关的功用是什么？
_____
_____

（2）观察你所实训的车辆，点火开关属于哪种类型？
_____
_____

（3）写出旋钮式点火开关个挡位的含义。

① <u>LOCK：</u>_____
② <u>ACC：</u>_____
③ <u>ON：</u>_____
④ <u>START：</u>_____

（4）简述你所实训的车辆使用点火开关起动车辆的步骤。
_____
_____
_____

（5）简述每种类型点火开关之间的区别。
_____
_____
_____

（6）组内自评和组间互评。
_____
_____
_____

（7）进行场地 6S。

2. 参考信息

2.1 点火开关的作用和使用注意事项

点火开关是用于接通或切断点火系统、启动系统和部分电气设备的装置；同时还具有方向盘锁止功能，即将点火开关断开，拔出钥匙后可锁住转向柱，使方向盘不能转动，从而起到防盗的功能。

点火开关的原理

使用点火开关起动汽车前，必须先调整好座椅，系上安全带，同时踩下离合器踏板和制动踏板，拉起驻车制动的手刹杆或踩下驻车制动的制动踏板。如果是电子驻车，就将驻车按钮提起，然后将手动变速器置于空挡；如果是自动变速器，就置于P挡或N挡。这样才能确保汽车安全可靠地起动。

驾驶室内各踏板的含义

2.2 有钥匙起动的方法

有钥匙起动是最为常见的汽车起动类型。有钥匙点火开关可分为旋转式点火开关[如图 3-3-1（a）]所示和按压式点火开关[如图 3-3-1（b）所示]两种。

（a）

（b）

图 3-3-1　有钥匙点火开关

（a）旋转式点火开关；（b）按压式点火开关

（1）旋转式点火开关起动的方法。

① 旋转式点火开关的位置。

旋转式点火开关大多安装在方向盘柱的右下方。

② 旋转式点火开关的使用。

旋转式有钥匙起动

旋转式点火开关有 4 个挡位，分别为 LOCK、ACC、ON 和 START。

a. LOCK 挡位。车钥匙旋至 LOCK 挡位时，全车断电（防盗系统等个别系统除外），可以拔出车钥匙。未拔出车钥匙时方向盘不锁死，车钥匙一拔出，方向盘即处于锁死状态。

注意：在 LOCK 挡位插入车钥匙，有时车钥匙无法转动，这时就需要用左手握住方向盘，并沿逆时针方向用力转动一个微小的角度，这时再旋转车钥匙，就可以将车钥匙转到 ACC 位置了。

b. ACC 挡位。车钥匙旋至 ACC 挡位时，方向盘处于解锁状态，全车通电，收音机、阅读灯等可以正常使用，但不可以使用空调。

c. ON 挡位。车钥匙旋至 ON 挡位时，除了起动机，其余的基础设备都处于供电状态，可以使用空调，但空调无制冷效果，因为此时压缩机未启动，只有鼓风机运转，吹出来的是自然风。正常行车时车钥匙处于 ON 状态，这时全车所有电路都处于工作状态。

d. START 挡位。车钥匙旋至 START 挡位时，起动机运转，其余的基础设备也同样处于供电状态。持续旋转 2 s 左右，发动机即可起动。起动机持续运转不得超过 3 s。发动机起动后，立刻松开钥匙，钥匙会自动弹回到 ON 挡位，使发动机正常运转，全车正常工作。

如果停车时想听收音机，为了节省燃油，可以将车钥匙旋至 ACC 位置，使发动机熄火。但车钥匙处于 ACC 挡位时不可以用大功率用电设备，例如车灯和空调，否则会很快将蓄电池电量耗尽，从而导致无法正常起动发动机。同时，在 ACC 挡位也不可以强行拔下车钥匙，否则将会对钥匙孔造成损坏。

这四个挡位之间是递进式的，目的是让电气设备逐个进入工作状态，这样还可以缓解由于瞬间通电造成对蓄电池的电流冲击。如果起动时在其他挡位不做停留，如从 LOCK 直接进入 START，会瞬间增加蓄电池的负荷，同时由于各电气设备还没有完全进入工作状态，计算机很难正常指挥发动机起动，所以这种操作对电瓶和发动机都是非常不利的。经常这样操作会缩短蓄电池的使用寿命，造成发动机起动困难，促使积炭的产生。

（2）按压式点火开关起动的方法。

① 按压式遥控车钥匙的使用。

按压式遥控车钥匙主要应用于一汽-大众生产的迈腾汽车上，如图 3-3-2 所示。

按压式有钥匙起动

② 按压式点火开关的位置。

按压式点火开关的位置与旋转式点火开关的位置一致，位于方向盘右侧的仪表台上。

③ 按压式点火开关的使用。

如图 3-3-3 所示，将钥匙插入开关孔后，按一下可以接通全车电源，相当于车钥匙处于旋转式点火开关 ON 挡位，这时灯光、收音机等全车所有电路都处于工作状态。

接通电源后，再持续按压 2 s 左右，则可以起动发动机。发动机起动后，立刻松开钥匙，钥匙会自动弹回到全车供电位置，使发动机正常运转，全车正常工作。

发动机起动后，如果再按压一下，发动机就会熄火。

图 3-3-2　按压式遥控车钥匙

图 3-3-3　按压式遥控车钥匙的使用

2.3 无钥匙起动的方法

无钥匙智能起动系统,即起动车辆不需要将钥匙拿出来,把钥匙放在包内或口袋里,拧动旋钮或按下车内按键即可使发动机点火。无钥匙智能起动是近年来在高档汽车上较为常见的起动方式,可分为旋钮式和一键起动式两种。目前所说的无钥匙智能起动系统,一般还包含无钥匙进入功能,只要将车钥匙带在身上,一靠近车辆,车门就会自动解锁,不用再将遥控车钥匙掏出来按解锁键。

(1)旋钮式点火开关的使用。

旋钮式点火开关,如图3-3-4(a)所示,除了不用插入钥匙,各挡位的功能和操作方法都与有钥匙旋转式点火开关一致,驾驶员只需要身上带着遥控钥匙进入车内,转动旋钮就可以将方向盘解锁并起动车辆,避免了掏出钥匙和插入钥匙的麻烦,使点火开关的使用更加简单方便。

(2)一键起动式点火开关的使用。

汽车一键起动就是在车上安装一个起动按键,如图3-3-4(b)所示。在合法进入车内(即钥匙带在身上进入车内)的情况下,在停车熄火状态下,不踩制动踏板,按一下起动按键,车辆全车供电,方向盘解锁,相当于有钥匙旋转点火开关的ON挡位;再按一下,就可以关闭全车供电,方向盘锁止,相当于LOCK挡位。踩住制动踏板,按一下起动按键,车辆就会点火起动,可以代替拧车钥匙点火。停车后,按一下起动按键即可熄火。

无钥匙一键式起动

(a)　　　　　　　　　　　　(b)

图3-3-4　无钥匙点火开关面板

(a)旋钮式点火开关;(b)一键起动点火开关

任务4 变速杆的操作

一、任务信息

任务4 变速杆的操作			
学时	2	班级	
成绩		日期	
姓名		教师签名	
案例导入	客户去4S店进行维修,询问变速器在D挡位时,踩油门速度也无法提升,是什么原因		
任务目标	知识	(1)熟知变速杆的类型; (2)了解各类变速杆挡位符号的含义	
	技能	能够正确操纵变速杆	
	素养	(1)培养学生自主学习的能力; (2)树立学生安全的工作意识	

二、任务流程

(一)任务准备

(1)实训车辆4台,车身保护用具4套。
(2)视频资源3个。

(二)任务实施

说明:请查看相关的视频资源、文档资源和参考信息,完成以下工作任务。

1. 工作表

变速杆的操作

（1）观察下图，说明是哪种变速器。

（2）简述手动变速器各挡位的含义。
_____
_____
_____
_____

（3）简述自动变速器各挡位的含义。
_____
_____
_____
_____

（4）说明手动变速杆和自动变速杆的区别。
_____
_____
_____

（5）组内成员操作实训车辆变速杆，并记录实训中的问题。
_____
_____
_____

（6）组内自评与组间互评。
_____
_____
_____

（7）进行场地 6S。

2. 参考信息

变速杆指的是变速器操纵杆，又称换挡杆，是变速器的操纵装置，如图 3-4-1 所示。驾驶员通过操纵变速杆可以选定不同挡位，改变牵引力、车速、行驶方向以实现驾驶意图或满足汽车行驶需要。

变速器杆的类型及各挡位含义

 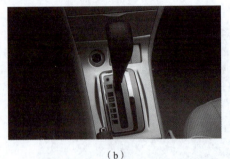

（a） （b）

图 3-4-1 变速器操纵杆

（a）手动变速器操纵杆；(b) 自动变速器操纵杆

自动变速器杆的操作

2.1 变速器各挡位的含义

（1）自动变速器各挡位含义。

① P 代表驻车挡，停车时使用（关闭发动机时和较长时间怠速停车）。

② R 代表倒车挡，倒车时使用。

③ N 代表空挡，和手动挡的空挡是一个意思，用于短暂停车时使用。

④ D 表示前进挡，这个挡位下变速箱会在 1~5 挡根据速度和油门情况自动切换。

⑤ 3 同样是前进挡，这个挡位下变速箱在 1~3 挡自动切换，不会升入 4、5 两挡，可在交通不太通畅时作为限制挡使用，可以避免 3 挡和 4 挡间的跳挡情况。

⑥ 2 表示 2 挡，此挡时变速箱就在 2 挡上，用于湿滑路面起步，或者慢速前进时作为限制挡使用，可避免 1 挡和 2 挡间以及 2 挡和 3 挡间的跳挡。

⑦ 1 就是 1 挡，此挡时变速箱就在 1 挡。

有些自动挡车辆还有 S 挡、L 挡（例如本田的飞度等）、雪花标志按键（如别克的赛欧等）、"OD OFF"按键等。

S 表示运动模式，在这个挡位下变速箱可以自由换挡，但是换挡时机会延迟，使发动机在高转速上保持较长时间，使车辆动力加大。当然这会造成油耗增加。

L 表示低速挡，在这个挡位下变速箱会保持在 1 挡而不升挡。

雪花标志按键表示雪地模式，按下此键时车辆将不从 1 挡起步，而从 2 挡起步，以降低扭力输出，避免车辆在湿滑路面上起步时打滑。

（2）手动变速器各挡位的含义。

手动变速器的挡位分为三种类型，分别是前进挡、空挡和倒挡，数字 1、2、3、4、5 是前进挡，N 是空挡，R 是倒挡。各车型手动变速器的挡位数和位置不尽相同，但挡位排列的原理基本一致，前进挡按由上至下、先左后右的顺序递增，倒挡在左下或右下角位置，横向中间为空挡。

手动变速器杆的操作

任务 5 座椅的使用

一、任务信息

任务 5 座椅的使用		
学时	2	班级
成绩		日期
姓名		教师签名
案例导入	一位车主向4S店服务人员反映在开车的过程中总是感觉坐得不是很舒适,座椅的调节也掌握不好,需要服务人员做一个简单的示范和讲解	
任务目标	知识	(1)了解座椅的功能以及座椅调节开关的含义; (2)掌握座椅调节的要求和注意事项
	技能	能够正确调节座椅
	素养	(1)培养学生自主学习的能力; (2)培养职业规范意识、团队协作能力

二、任务流程

(一)任务准备

(1)实训车辆4台,车身保护用具4套。
(2)视频资源2个。

(二)任务实施

说明:请查看相关的视频资源、文档资源和参考信息,完成以下工作任务。

1. 工作表

座椅的使用

（1）观察下图，完善座椅功能开关的含义。

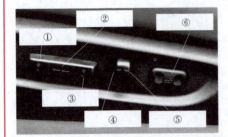

① _____
② _____
③ _____
④ _____
⑤ _____
⑥ _____

（2）简述下图中功能按键的作用。

① 上面的符号表示：_____
② 下面的符号表示：_____

（3）简述手动座椅调节和电动座椅调节的区别。

（4）头枕的作用。

（5）头枕的调整原则。

（6）组内自评与组间互评。

（7）进行场地 6S。

2. 参考信息

2.1 座椅的介绍

座椅是车身内部的重要装置,其作用是支撑人体,方便驾驶员操作车辆和乘坐舒适。座椅的尺寸和形状设计符合人体工程学,与人体结构特点相适应,保障了座椅的舒适性;同时坐垫和靠背的表面设计提高人体的附着性和透气性,从而避免人体在汽车行驶时左右摇晃而引起疲劳,降低事故的发生率。

合适的座椅位置是驾驶员保持正确驾驶姿势的前提,当座位不合适时,应及时进行调整。现在很多汽车的驾驶座椅设计都非常人性化,考虑到驾驶员不同的体形,可以做很多方向的调节。

座椅调节分为手动调节和电动调节两种方式,如图 3-5-1 所示。

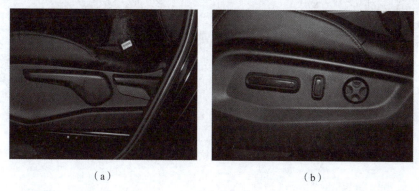

图 3-5-1 座椅调节方式

(a)座椅手动调节方式;(b)座椅自动调节方式

几乎所有汽车座椅都至少有 4 个调节方向,分别为座椅高低调节、座椅前后调节、座椅靠背角度调节。中高档汽车的座椅调节方向还包括座椅头枕调节和座椅腰托的前后调节等。

(1)座椅高低调节。

座椅高低调节要求头部与车顶空间合适,不可太低或太高。座椅调得太低会影响驾驶员的视野范围;座椅调得太高,在颠簸时头部会碰到车顶。所以,座椅高度调节需在一个合适范围内,否则会影响行车安全,一般来说让头部离车顶至少还有一个拳头的距离较合适。

(2)座椅前后调节。

座椅的前后调节,需将后背贴紧座椅靠背,双手手肘略微弯曲可以握住方向盘并能够轻松便捷地转动;双腿伸缩自如、灵活、舒适,当脚向下踩住制动踏板至最深处时,腿部仍有一定弯曲,还能继续发力,则这时的座椅前后位置比较合适。

(3)座椅靠背角度调节。

座椅靠背角度调节的要求是保护驾乘者的腰部,尽量减少腰部的支撑压力,缓解驾驶过程中出现的疲劳。有数据显示,汽车驾驶座椅在保持坐垫和靠背大约倾斜 100° 的位置时最护腰,这是因为在这个角度时身体是稍稍后仰的,正好符合人体腰身微微后屈的自然曲线。与此同时,汽车座椅腰背处设计的隆起部分最能减少腰部的压力。

（4）座椅头枕调节。

头枕的作用是在受到冲击的时候能够给予头部安全的防护，有效地减轻后方撞击所造成的损伤。由于驾乘者身体头部、颈部和背部与座椅接触，因此尽量让头颈部和背部保持竖直，头枕中央与耳朵上沿平行，如图3-5-2（a）所示，使头部中央对应头枕中央，在受到冲击时，头枕最柔软的部分会给予头部安全保护。后脑与头枕之间的距离越近越好，最好不要超过4 cm或以两指为宜，如图3-5-2（b）所示，这样在汽车追尾时会减少被头枕拍打的可能。

头枕的调整

 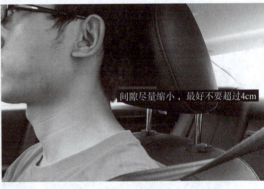

(a)　　　　　　　　　　　　　　(b)

图3-5-2　头枕调节示意图

（5）座椅腰托调节。

座椅腰托（如图3-5-3所示）是在座椅靠背的基础上所增加的一个装置，具有支撑腰部、缓解疲劳的功能。其具有可调性，一般调节方式分为电动和手动两种，调节方向有两向调节和四向调节。有些车型是没有腰部支撑功能的，驾驶员可自行购买座椅腰托来支撑腰部。

（6）座椅调节的注意事项。

座椅调节一定要在汽车行驶前就完成，不要边开车边调节。边开车边调座椅，稍有不慎，整个身体可能会一下子躺下去，一旦发生这种情况，会导致看不到前方路况；同时，

图3-5-3　座椅腰托

在情急之下可能会抓方向盘借力，由此引发车辆失控，还有可能在情急之下踩错踏板，导致交通事故。

座椅的调节步骤：座椅高低调节—前后调节—靠背角度调节—头枕调节—腰托调节。

2.2　手动座椅的使用

（1）座椅高低调节。

手动座椅高低调节有两种形式：一种是旋钮式手动调节，如图3-5-4（a）所示；另一种是手柄式手动调节，如图3-5-4（b）所示。旋钮式手动调节，通过转动座椅高低调节旋钮来实现座椅高低变化。手柄式手动调节时，提起座椅外侧的座椅高低调节手柄，座椅升高；按下手柄，座椅降低。

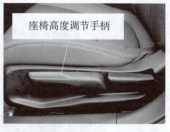

(a) (b)

图 3-5-4 座椅高低调节

(a)旋钮式手动调节；(b)手柄式手动调节

（2）座椅前后调节。

提起座椅下方的调节横杆或调节手柄，解除固定装置，座椅便可随身体前后移动，位置调整好后，松开调节横杆或调节手柄即可使座椅位置固定。手动座椅前后调节横杆位于座椅下方，如图 3-5-5 所示。

图 3-5-5 座椅前后调节

（3）座椅靠背角度调节。

座椅靠背角度调节有两种形式：一种是旋钮式手动调节，如图 3-5-6（a）所示，另一种是手柄式手动调节，如图 3-5-6（b）所示。旋钮式手动调节，通过转动调节旋钮同时依靠背部的力量来实现合理的角度变化。手柄式手动调节，通过提起座椅外侧的座椅靠背角度调节手柄，同时依靠背部的力量来实现合理的角度变化，当位置合适时松开手柄，座椅靠背将保持该角度。

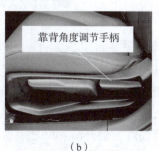

(a) (b)

图 3-5-6 座椅靠背角度调节

(a)旋钮式手动调节；(b)手柄式手动调节

（4）座椅头枕调节。

大多数车型座椅头枕的锁止按钮是外置式的，在头枕与靠背的交界处（如图3-5-7所示），有些车型的座椅头枕是内置在靠背里的，如奥迪。调节头枕高度只需要按下头枕锁止按钮，根据需要上下调节到适合位置，松开按钮即可锁定。如果需要拿下头枕，则需要一直按住锁止按钮直到头枕取出。

图3-5-7　头枕锁止按钮位置

（5）座椅腰托调节。

手动座椅腰托调节有两种形式：一种是旋钮式手动调节，如图3-5-8（a）所示，另一种是手柄式手动调节，如图3-5-8（b）所示。旋钮式手动调节需要不同方向地扭动旋钮，腰托会相应地向前凸起或向后凹陷。手柄式手动调节需要向前或向后扳动手柄，手柄向前腰托则凸起，手柄向后腰托则凹陷。

(a)　　　　　　　　　　　　　(b)

图3-5-8　座椅腰托调节

(a) 旋钮式手动调节；(b) 手柄式手动调节

2.3 电动座椅的使用

（1）座椅高低前后调节。

电动座椅高低前后调节开关一般位于座椅靠门一侧，如图3-5-9所示，一般为长条形，长度方向为前后调节，长度的垂直方向为高度调节。向上提起调节开关，座椅高度就会升高，反之座椅高度就会降低，松开调节开关，座椅即保持高度不变。有的高端车型座椅高低又添加了座椅前端上升和下降的功能。水平向前轻微推动调节开关，座椅向前移动，水平向后轻微推动调节开关，座椅向后推动，松开调节开关座椅固定在合适位置。

电动座椅调节

图 3-5-9　座椅高低调节

（2）座椅靠背角度调节。

找到电动座椅靠背角度调节开关的位置，如图 3-5-10 所示。将调节开关向前推动，座椅靠背直起，向后推动，座椅靠背后倾。当角度满足驾驶员的要求时，松开靠背角度调节开关，座椅靠背即固定在合适位置。

图 3-5-10　座椅靠背角度调节

（3）座椅头枕调节。

与手动座椅调节方法相同。

（4）座椅腰托调节。

两向调节只能调节前后方向。找到座椅腰托调节开关的位置，如图 3-5-11 所示，向上扳动开关前端则腰托凸起，向上扳动开关末端则腰托凹陷。

四向调节可以调节前后、上下四个方向，可以个性化地调节到舒适位置。找到调节开关位置，如图 3-5-12 所示，按下开关前边缘，腰托凸起；按下开关后边缘，腰托凹陷；按下开关上边缘，腰托向上移动；按下开关下边缘，腰托向下移动。

图 3-5-11　腰托两向调节

图 3-5-12　腰托四向调节

任务6 安全带的使用

一、任务信息

\multicolumn{3}{c}{任务6 安全带的使用}		
学时	2	班级	
成绩		日期	
姓名		教师签名	
案例导入	\multicolumn{3}{l}{一位车主在开车过程中不小心发生事故，车主系了安全带，但是还是受伤很严重。事后车主询问4S店人员原因，经技师检查，发现安全带在猛拉过程中没有锁止，安全带的作用失效}		
任务目标	知识	（1）了解安全带的作用； （2）掌握不同人群安全带的系法之间的区别	
	技能	能够正确使用安全带	
	素养	（1）培养学生自主学习的能力； （2）培养职业规范意识、团队协作能力	

二、任务流程

（一）任务准备

（1）实训车辆4台，车身保护用具4套。
（2）视频资源1个。

（二）任务实施

说明：请查看相关的视频资源、文档资源和参考信息，完成以下工作任务。

1. 工作表

安全带的使用

(1) 安全带的作用。

_____

_____

_____

_____

(2) 结合下图描述安全带的检查规范。

① 上下猛拉安全带，检查能否锁止。

　　正常（　　）；不正常（　　）

② 调节安全带高度，看是否能自由调节。

　　正常（　　）；不正常（　　）

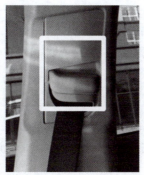

③ 检查安全带是否能正确卡在卡扣里，听到"咔"的一声响为止。

　　正常（　　）；不正常（　　）

④ 检查安全带带体是否破损。

　　正常（　　）；不正常（　　）

（3）安全带的正确插口。

　　使用时，拉出安全带，将锁扣调节在腰部靠骨盆处，通过胸部适当位置，调节肩带长度，安全带应该怎样选择？

　　紧些（　　）；松些（　　）；不紧不松（　　）

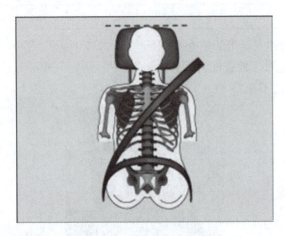

（4）说明安全带正确解除的方法。

_____

_____

（5）不同人群系安全带有何不同？简要说明。

_____

_____

（6）结合实训车辆，练习安全带的系法，并记录实训要点。

_____

_____

（7）组内自评与组间互评。

_____

_____

（8）进行场地 6S。

2. 参考信息

2.1 安全带的作用

汽车安全带就是汽车上用于防止驾驶员和乘客在车辆发生事故时被甩出车外或遭受车身剧烈撞击的装置，从而减轻驾驶员和乘客受伤的程度。

2.2 系安全带的正确方法

很多驾乘者对安全带的作用存在误解，认为车速较高时，系安全带是十分有效的；而在车速较低时，没有使用安全带的必要。事实上，汽车在较慢速度下行驶，若发生碰撞或紧急制动，虽然产生的惯性力相对较小，但仍足以使驾乘者无法控制身体，与汽车方向盘、挡风玻璃等车内坚硬部件碰撞，对身体造成伤害。

安全带的使用规范

注意：安全带在使用时不同人群系法不一样。

（1）成年人安全带系法，如图 3-6-1 所示。

① 关好并锁住车门。

② 调整座椅，使身体能够坐直。

③ 抓住安全带头部的锁舌，沿着身体往下拉安全带。注意安全带不能扭结。如果拉得太快，安全带可能会锁死，此时，只要往回稍微收一点安全带就可以解锁，然后再慢慢地往下拉安全带。

④ 将锁舌扣到卡扣中，直到听到"咔嗒"一声响。往上拽一拽锁舌，检查是否锁住。检查卡扣上松开按钮的位置，这个按钮必须能够方便地触及，以便发生万一时能够解开安全带。

⑤ 为了使腰部安全带系紧，在卡扣端向下拉腰部安全带，同时向上拉肩部安全带。

图 3-6-1　成人安全带系法

（2）儿童安全带系法，如图 3-6-2 所示。

儿童安全座椅是安装在汽车座椅上的选配装置，使用它可以进一步保障安全。如果不使用儿童安全座椅，即使在低速驾驶过程中发生事故，儿童也会受到不能抵抗的巨大的惯性作用而被推向前方。

图 3-6-2 儿童安全带系法

测试表明,汽车以时速为 50 km 的速度撞上墙壁的冲击力,相当于从 10 m 高度(约为 3 层楼屋顶的高度)跌落到水泥地面上;汽车以时速 50 km 发生碰撞时,作用于既没有系安全带也没有使用儿童安全座椅的四岁儿童身上的、向前方冲击的能量,是儿童体重的 30 倍!未使用儿童安全座椅的死亡率和重伤率约为使用儿童安全座椅的 2.5 倍。因此,即使儿童的体重比较轻,也一定要让儿童坐在儿童安全座椅内,防止因汽车事故造成伤害。

(3)孕妇安全带系法,如图 3-6-3 所示。

孕妇和其他乘客一样,让安全带发挥作用的关键就是正确地佩戴安全带。孕妇在整个怀孕过程中,驾乘时都应当佩戴三点式安全带,腰部安全带应当尽量系低一点,在圆圆的肚子下面。保护胎儿最好的方法就是保护母亲,只要正确地系好了安全带,在撞车时胎儿受伤的可能性就很小。

图 3-6-3 孕妇安全带系法

(4)后排乘员安全带系法,如图 3-6-4 所示。

汽车后排座位空间较大,如果不使用安全带,发生碰撞时,乘员的头部会重重地撞在前排靠背上;甚至还可能撞破玻璃被甩出车外,不仅会重重地摔在坚硬的沥青路面上,甚至可能被后面的车辆碾压，造成更严重的后果。因此，后排乘员使用安全带是十分必要的，否则就有可能如弹弓一般被发射出，所以即使坐在后排，也要记得系安全带。

图 3-6-4　后排成员安全带系法

2.3 安全带的日常保养与检查

在汽车的日常保养工作中，安全带常常被忽视；其实，同其他部件一样，安全带也要使用与保养兼顾，经常检查安全带的性能。

（1）安全带检查，如图 3-6-5 所示。

要经常检查座椅安全带的技术状态，如发现有损坏应及时更换。座椅旁边地板上所有固定座椅安全带的螺栓都应按规定拧紧，螺栓周围应涂上密封胶。

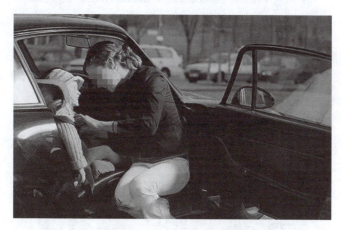

图 3-6-5　安全带检查

（2）安全带保养，如图 3-6-6 所示。

不要让安全带压在坚硬的或易碎的物体上，比如衣服里的眼镜、钢笔和钥匙等；不要让安全带与锋利的刃摩擦，以免损伤安全带；不要让座椅靠背过于倾斜，否则安全带将不能正确地伸长和收卷；座椅上无人时，要将安全带送回卷收器中，使锁舌处于收藏位置，以免在紧急制动时锁舌撞击在其他物体上。

图 3-6-6　安全带保养

（3）安全带有效性检查，如图 3-6-7 所示。

安全带必须与座椅配套安装，不得随意拆卸。如果安全带在使用中曾承受过一次强拉伸负荷，即使未损坏，也应更换总成，不得继续使用。

图 3-6-7　安全带有效性检查

碰撞事故发生后，不论安全气囊是否起爆，都应请维修人员对相关安全系统做一次全面检修；如果汽车曾经发生过碰撞导致气囊弹出爆破，那么安全带必须及时更换，否则安全带一旦老化出现"罢工"状况，后果就不堪设想。

（4）安全带清洁，如图 3-6-8 所示。

安全带太脏时，可用软性肥皂水作清洗液，用布或海绵擦洗。注意不要使用染料或漂白剂，否则会腐蚀安全带，且不要用硬刷刷洗，以免降低安全带的抗拉强度。

图 3-6-8　安全带清洁

(5)安全带改装,如图 3-6-9 所示。

千万不能自行改动或附加安全带。

图 3-6-9　安全带改装

2.4 安全带使用注意事项

(1)系安全带之前,需要调整安全带高度。

(2)安全带系好后不能太松也不能太紧,留有两根手指的量比较合适。

(3)对于孕妇来说,不要把安全带勒到肚子上,这样非常危险,容易伤到胎儿,应该系到胯骨上。

(4)对于儿童来说,直接使用安全带固定不但不够安全,还会起到负面影响,因为他们的身高比成年人要矮很多,安全带会从他们的脖子经过,紧急情况下他们的颈椎会受到致命伤害,所以一定给儿童配上儿童座椅。

(5)解开安全带时,要确保安全带完全收回,否则驾驶员或乘客下车时容易被绊倒,或导致安全带夹到车门和门框之间,划伤车漆或损坏车门。

任务 7　方向盘的使用

一、任务信息

任务 7　方向盘的使用			
学时	2	班级	
成绩		日期	
姓名		教师签名	
案例导入	小李在驾驶车辆行驶过程中，左前方货车突然掉落一物体，小李没来得及做出反应，车轮就压了上去，方向盘快速回弹。由于小李握持方向盘方法不正确，造成了手指被方向盘辐打伤的后果。那么如何正确地使用和调节方向盘呢？		
任务目标	知识	（1）掌握方向盘的正确握持方法； （2）了解方向盘使用的注意事项； （3）掌握方向盘调节的注意事项	
	技能	能够正确地使用和调节方向盘	
	素养	（1）树立安全操作意识、6S意识； （2）培养职业规范意识； （3）培养人际沟通能力和团队协作意识	

二、任务流程

（一）任务准备

（1）实训车辆 4 台、四件套（座椅套、方向盘套、变速杆套、地板垫）4 套、挡块若干。
（2）视频资源 2 个。

（二）任务实施

说明：请查看相关的视频资源、文档资源和参考信息，完成以下工作任务。

1. 工作表

方向盘的使用

（1）下图为多功能方向盘，一般多功能方向盘包含哪些功能？

_____

（2）观察下列方向盘的各种握持方法，判断对错。

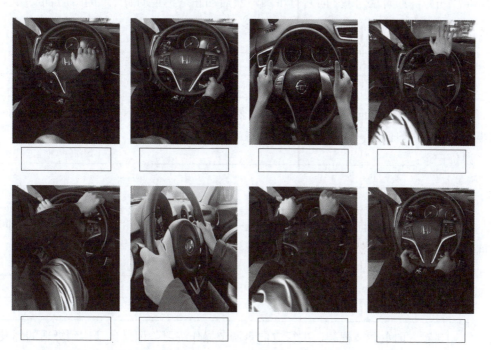

（3）小组进行方向盘使用操作练习，并开展组内自评与组间互评。

步骤一：作业准备（放置车轮挡块，插接尾排管，手刹处于制动状态）。

评价记录：_____

步骤二：起动车辆（检查一油三液、安全起动车辆）。
评价记录：_____
_____

步骤三：原地将方向盘向左/向右打死，然后回正（沿逆时针/顺时针方向将方向盘打到极限，然后再打回到汽车车轮直行的状态）。
评价记录：_____
_____

步骤四：将方向盘向左/向右打2圈，然后回正（沿逆时针/顺时针方向将方向盘打2圈，然后再打回到汽车车轮直行的状态）。
评价记录：_____
_____

步骤五：将方向盘向左/向右打1圈，然后回正（沿逆时针/顺时针方向将方向盘打1圈，然后再打回到汽车车轮直行的状态）。
评价记录：_____
_____

步骤六：将方向盘向左/向右打半圈，然后回正（沿逆时针/顺时针方向将方向盘打半圈，然后再打回到汽车车轮直行的状态）。
评价记录：_____
_____

步骤七：将方向盘向左/向右打四分之一圈，然后回正（沿逆时针/顺时针方向将方向盘打四分之一圈，然后再打回到汽车车轮直行的状态）。
评价记录：_____
_____

（4）观看方向盘调节视频，进行方向盘调节操作练习。记录自己达到舒适的驾驶姿势和良好视线的效果时所调节的方向盘前后距离和角度。
_____
_____
_____

（5）进行实训场地6S。

2. 参考信息

2.1 方向盘介绍

方向盘是操纵汽车行驶方向，控制汽车转向轮，使汽车直行或转向的装置。如图3-7-1所示，在多功能方向盘上，左侧一般是多媒体功能的控制开关，能够控制音乐曲目切换和调节音量大小，以及拨打接听蓝牙电话等，操作起来也非常方便，手不离开方向盘就能轻松控制，非常省心；右侧一般是仪表盘控制中心，控制仪表液晶屏显示内容，包括当前车速、当前油量以及续航里程等信息。另外还附带一些辅助驾驶功能按键，例如车道保持功能、跟车距离功能，保证了汽车更智能化地驾驶。这些辅助驾驶功能可以减轻驾驶员的驾驶负担。

图3-7-1　多功能方向盘

2.2 方向盘规范操作

方向盘是行车过程中与双手接触最多的装置，正确操作方向盘关系到行车安全，所以必须熟练掌握操作方法。

（1）方向盘正确握法。

方向盘的正确操作

如果将方向盘看作时钟的盘面，那么正上方为12点，左手握住9点位置，右手握住3点位置，这样操纵方向盘是最合理的，如图3-7-2所示。

图3-7-2　方向盘正确握法

在日常生活中，也会遇见一些错误的方向盘操作，必须注意。例如，双手搭在方向盘辐的揉面团式，单手抓住方向盘下边缘的单手握式，一只大拇指搭在方向盘下边缘的一阳指式，四指张开以掌根压在方向盘边缘的搓麻将式，左臂在上右臂在下交叉握住方向盘的双臂交叉式，左臂在下右臂在上抓住方向盘的反十字式等，如图3-7-3所示。

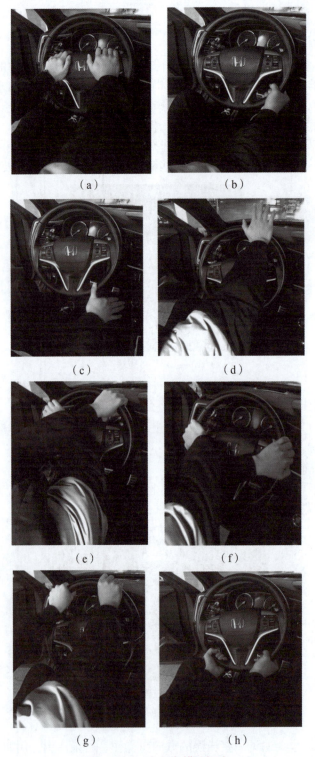

图 3-7-3 方向盘错误握法

(a) 揉面团式；(b) 单手握式；(c) 一阳指式；(d) 搓麻将式；(e) 双臂交叉式；
(f) 反十字式；(g) 双手下压式；(h) 双手下拽式

（2）方向盘操作注意事项。

方向盘不要握得太紧，大拇指要自然伸直并平放在方向盘边缘，如图3-7-4（a）所示。不要向内扣紧方向盘，更不能将大拇指压在方向盘辐上，如图3-7-4（b）所示。因为在车辆行驶过程中，当车轮遇到障碍物时，方向盘会快速回弹，如果此时大拇指扣住方向盘，会被方向盘辐打伤，甚至打断，后果极其严重。

（a） （b）

图3-7-4　方向盘操作

（a）正确操作；（b）错误操作

2.3　方向盘调节

（1）方向盘调节的作用。

方向盘位置调节

方向盘调节与驾驶员的座椅调节配合，方便不同的驾驶员找到既舒适又有良好视线的驾驶姿势，还可以使驾驶员的手臂和腿部与方向盘保持适当的距离。调节后，可以使方向盘正对着驾驶员，这可以令方向盘上的气囊在发生碰撞时更好地保护驾驶员。

（2）方向盘调节的方式。

方向盘的调节是通过电动机或者机械卡扣的方式实现的，分为手动调节和电动调节两种。方向盘的调节主要是调节方向盘前后的距离和角度。

① 方向盘手动调节。

手动调节指的是按照驾驶员自身的生活习惯，手动调节方向盘。如图3-7-5所示，在方向盘下方找到方向盘位置锁的把手，松开把手后，方向盘就可以前后、上下调节，一旦调节到位后，压下把手，方向盘就被锁定了。

图3-7-5　手动调节方向盘

② 方向盘电动调节。

方向盘电动调节就是指方向盘的调节通过电机来调节，只需通过调节方向盘上的调节按钮，即可根据驾驶员的需要完成方向盘的调节，如图 3-7-6 所示。方向盘电动调节是一项舒适性配置，可大大降低驾驶员调节方向盘的难度，一般装备在较为高档的车型上。

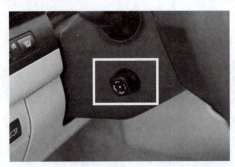

图 3-7-6　电动调节按钮

（3）方向盘调节注意事项。

① 调节汽车方向盘前后距离、角度的前提是确认座椅参数已经充分调节到合理位置，只有座椅调节正确才能进入方向盘调节的步骤。

② 方向盘是不存在"高度调节"的，只能调节前后距离、角度，方向盘角度的变化，其实就会导致方向盘高度的变化。

③ 方向盘下沿与驾驶员身体之间应保持 10~12 cm 的距离，如身体距方向盘太近，车辆发生碰撞时，方向盘有可能会成为"凶器"，而太远则会影响驾驶操控。

④ 方向盘和胸部之间的距离不得小于 25 cm。如果小于 25 cm，安全气囊系统不能起到保护作用。

⑤ 方向盘不得遮挡仪表视线。

⑥ 在驾驶员正常坐姿状态下，双手自然伸出握住方向盘的"9 点"和"3 点"位置，此时手臂应当基本与地面平行。

⑦ 衡量方向盘前后距离调节的标准是：自然坐姿状态下，单手伸出轻轻搭在方向盘最上方，手臂保持基本伸直仅仅微微弯曲的状态。

任务 8　后视镜的使用

一、任务信息

任务 8　后视镜的使用		
学时	2	班级
成绩		日期
姓名		教师签名
案例导入	王先生买了一辆新车，但在车辆的使用过程中发现自己不会调节后视镜，该问题困扰他很长时间了。如果你是一名销售顾问或者维修技师，你能够教会王先生按照标准完成对后视镜的调节吗？	
任务目标	知识	后视镜的作用和类型
	技能	能够按照标准规范正确调节后视镜
	素养	（1）树立安全操作意识、6S 意识； （2）培养职业规范意识

二、任务流程

（一）任务准备

（1）实训车辆 4 台、车轮挡块 16 个（每车 4 个）、格栅布 4 条、翼子板布 8 条、四件套 4 套。

（2）车主手册 1 套。

（3）视频资源 1 个。

（二）任务实施

说明：请查看相关的视频资源、文档资源和参考信息，完成以下工作任务。

1. 工作表

后视镜的使用

（1）后视镜的作用有哪些？
_____
_____

（2）后视镜的类型有哪些？
_____
_____

（3）实训车辆的后视镜开关的位置在哪儿？
_____
_____

（4）根据下图，写出各个开关的名称和作用。

名称：_____
作用：_____
_____

名称：_____
作用：_____
_____

名称：_____
作用：_____
_____

（5）车内和车外后视镜调节的参考标准分别是什么？
_____
_____
_____
_____

（6）小组间相互考核，并记录其他小组中出现的问题。
_____
_____
_____
_____

（7）进行实训场地 6S。

2. 参考信息

2.1 后视镜的作用和类型

后视镜是驾驶员坐在驾驶室座位上直接获取汽车后方、侧方和下方等外部信息的装置。为了驾驶员操作方便，防止行车安全事故的发生，保障人身安全，各国均规定了汽车必须安装后视镜，且所有后视镜都必须能调整方向。汽车一般有三面后视镜，分别是左侧外后视镜、右侧外后视镜以及中央内后视镜。汽车外后视镜位于前排车门玻璃的前端，中央内后视镜安装在前挡风玻璃上方中间位置。

2.2 后视镜调整前的准备工作

在调整后视镜前，必须调整好车辆座椅以及方向盘的位置。调节座椅的基本原则是坐姿舒服、视野清晰以及方向盘使用起来顺手。保持正确的坐姿是调节后视镜的前提，坐姿不正确时，调整出来的后视镜是无法发挥其应有作用的。

后视镜的调节

2.3 车外后视镜的调节

（1）车外后视镜调节开关的操作。

不同品牌、不同车型的车外后视镜调节开关的位置和形式不一样（如图 3-8-1 所示），一般位于左前车门操作面板上 [如图 3-8-1（a）、(b)、(c)所示] 或仪表台左侧出风口下方 [如图 3-8-1（d）所示]。车外后视镜操作开关一般包括切换开关、调整开关和折叠开关三个部分，如图 3-8-2 所示。

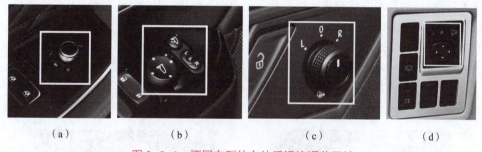

图 3-8-1 不同车型的车外后视镜调节开关

（a）红旗 HS5；(b) 本田 CRV；(c) 大众高尔夫；(d) 丰田普拉多

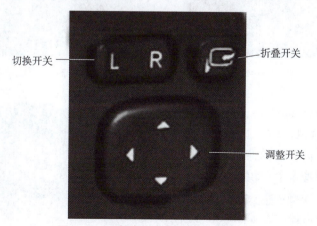

图 3-8-2 车外后视镜调节开关的组成

① 切换开关的操作。

有左、中、右三个位置,白色字母 L 是 Left 的缩写,对应左侧外后视镜;白色字母 R 是 Right 的缩写,对应右侧外后视镜。切换开关位于中间位置时,调整开关不起作用。向左侧按下切换开关后,可以通过操作调整开关调整左侧外后视镜镜片位置;向右侧按下切换开关后,可以通过操作调整开关调整右侧外后视镜镜片位置。

② 调整开关的操作。

调整开关上有四个白色箭头,方向分别为上下左右。以调整左侧外后视镜为例,首先将切换开关的左侧(L 侧)按下,按住调整开关向上的白色箭头,左侧外后视镜镜片向上翻转,松开调整开关,镜片停止翻转;按住调整开关向下的白色箭头,左侧外后视镜镜片向下翻转,松开调整开关,镜片停止翻转;按住调整开关向左的白色箭头,左侧外后视镜镜片向左翻转,松开调整开关,镜片停止翻转;按住调整开关向右的白色箭头,左侧外后视镜镜片向右翻转,松开调整开关,镜片停止翻转。

③ 折叠开关的操作。

在部分高档轿车上,外后视镜有电动折叠功能,按下折叠开关,外后视镜自动折叠,再次按下折叠开关,外后视镜重新展开。

(2)外后视镜调节的参考标准。

① 左侧外后视镜调节参考标准。

通常情况下,调整左侧外后视镜,要以地平线为基准。调整外后视镜水平视线,天、地各占 1/2,调整外后视镜左右视线,将车身占据镜面的范围调整到 1/4 左右,如图 3-8-3 所示。

② 右侧外后视镜调节参考标准。

右侧外后视镜的调节需要多留心,由于驾驶员可视角度的原因,需要减少天空占据的可视空间。通常以地平线为基准线,天空占据 1/4 的空间,地面占据 3/4 的空间,而车身所需的空间与左侧外后视镜一样,要占据 1/4 的空间,如图 3-8-4 所示。不过在倒车和侧方位停车的情况下,由于右侧可视角度有限,可能需要重新调节外后视镜,以免发生意外。

图 3-8-3　左侧后视镜调节参考标准

图 3-8-4　右侧后视镜调节参考标准

2.4 中央内后视镜的调节

调整中央内后视镜时,直接用右手握住后视镜,轻轻向各个方向旋转调整即可。把中央内后视镜里面的地平线影像调节至镜子中央,把右侧耳朵的影像调节至镜子左侧边缘,保证能够从后视镜透过后窗完全看清车后情况,如图 3-8-5 所示。

图 3-8-5　中央内后视镜调节的参考标准

任务 9　灯光开关的操作

一、任务信息

任务 9　灯光开关的操作			
学时	2	班级	
成绩		日期	
姓名		教师签名	
案例导入	一位客户在购车时因不明白灯光在车辆上的分布和开关的使用,向4S店工作人员请教,需要工作人员讲解并示范操作		
任务目标	知识	(1)了解灯光组合开关各挡位的含义; (2)掌握各类灯光的含义和使用场景	
	技能	能够正确操纵车辆灯光开关	
	素养	(1)树立安全操作意识、6S意识; (2)培养职业规范意识、团队协作能力	

二、任务流程

(一)任务准备

(1)实训车辆4台、车身保护用具4套、四件套4套、挡块若干。
(2)视频资源2个。

(二)任务实施

说明:请查看相关的视频资源、文档资源和参考信息,完成以下工作任务。

1. 工作表

灯光开关的操作

（1）观察下图，完善灯光开关的含义。

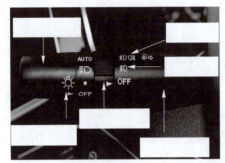

（2）汽车外部信号灯有哪些（至少5个）？
_____
_____
_____

（3）危险警报灯的作用有哪些？试分析何种情况下才能使用危险警报灯？
_____
_____
_____

（4）有些车型上有"AUTO"挡位，试分析该灯光挡位的作用。
_____
_____

（5）根据图示，写出下列灯光组合开关的名称。

（6）组间互评：相互提问相互考核。
_____
_____
_____

（7）进行场地6S。

2. 参考信息

2.1 灯光介绍

为了保证汽车行驶安全，汽车上都装有多种照明设备和灯光信号装置，汽车灯光不仅仅是在光线不足的情况下提供照明，而更重要的是起到警示的作用。很多人认为车灯是装饰品，其实这是误区，车灯应该作为一种与 ABS、EBD 一样的主动安全装置而存在。根据相关统计，60% 的事故是因为视线不清而造成的。所以从维护自身安全利益的角度出发，我们一定要高度重视汽车车灯的保养和正确使用，切勿因为轻视或疏忽酿成事故。

（1）汽车外部灯光。

① 示宽灯：也称小灯，在汽车前面两侧边缘。用于标示汽车夜间行驶或停车时的宽度轮廓。

② 牌照灯：装于汽车尾部牌照上方，用于在夜间行驶时提供车牌信息。

③ 前照灯：俗称"大灯"，包括远光灯和近光灯。近光灯主要是照亮近距离的前方道路。在夜晚和凌晨天色较暗时开车，务必要打开近光灯；在大雾、下雪或者大雨天气等视线不佳的时候，即使是白天也有必要打开近光灯；在一些路面灯光设备照明不佳的时候，也应该打开近光灯。远光灯能够照亮较远距离的道路。在夜晚行车的时候，如果对面没有车辆行驶或者在有隔离带的道路上行驶，可以使用远光灯。需要注意的是，在没有隔离带的道路上会车的时候，要在相距 150 m 左右的情况下减速，并将远光灯变为近光灯。

④ 雾灯：一般位置比较低，其穿透性比较强，当遇到大雾、大雨、暴雪等极端天气，视线不清的时候，它可以帮助驾驶员提高能见度，并能保证使对面来车及时发现，以采取措施，这样才能保证汽车行驶的安全。

⑤ 转向灯：在汽车前后或侧面，用于在汽车转弯时发出明暗交替的闪光信号，使前后车辆、行人、交警了解其行驶方向。转向灯的开启时间要掌握好，应在距转弯路口 100 m 左右时打开。开得过早会给后车造成"忘记关转向灯"的错觉，开得过晚会使后面尾随车辆、行人毫无思想准备，往往忙中出错。

⑥ 刹车灯：装于汽车后方，用于当汽车制动或减速停车时，向车后发出灯光信号，以警示随后车辆及行人。

⑦ 倒车灯：装于汽车尾部，用于照亮车后路面，并警告车后的车辆和行人，该车正在倒车，提高倒车时的安全性。

⑧ 危险警报灯：俗称双闪灯或双跳灯，是一种提醒其他车辆与行人注意本车发生了特殊情况的信号灯。

⑨ 日间行车灯：安装在车身前部，使汽车在白天行驶时更容易被人认出来的灯具，是信号灯的一种。

（2）汽车内部灯光。

① 阅读灯：安装在汽车内部，在驾驶座顶和后座中间顶部都有安装，便于车内阅读之用的灯。

② 门控灯：开关处于门控位置时，若开启车门或从点火开关上拔出点火钥匙，门控灯立即自动打开。关闭车门后 20 s 左右，门控灯关闭，闭锁车辆或打开点火开关后，门控灯

关闭。

③ 杂物箱和行李箱照明灯：打开或关闭前排乘员侧杂物箱或行李箱盖时其内的照明灯自动打开或关闭。

图 3-9-1 所示为红旗 H7 外部灯光分布图，图 3-9-1（a）为前灯光分布，图 3-9-1（b）为后灯光分布。

图 3-9-1　红旗 H7 外部灯光分布图

（a）红旗 H7 前灯光分布；（b）红旗 H7 后灯光分布

2.2 灯光开关介绍

灯光开关包括灯光组合开关、危险警报灯开关和阅读灯开关等。

灯光组合开关是控制照明灯光和信号灯光的装置，包括车灯控制开关、雾灯开关和转向信号灯开关，常见的有拨杆式灯光组合开关 [如图 3-9-2（a）所示，一般安装在方向盘左前方转向柱上] 和旋钮式灯光组合开关 [如图 3-9-2（b）所示，一般在方向盘左侧（出风口下方）的仪表板上，用左手操作]。

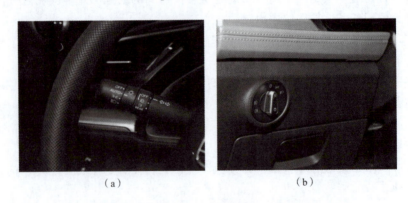

图 3-9-2　灯光组合开关

（a）拨杆式灯光组合开关；（b）旋钮式灯光组合开关

危险警报灯开关也称为双闪开关，一般在仪表板中间位置，标识为红色三角形，如图 3-9-3 所示。

危险警报灯和三角警示牌的使用

图 3-9-3　双闪开关

阅读灯开关位于汽车驾驶座顶棚和后排顶棚中间位置，如图 3-9-4 所示。

（a）

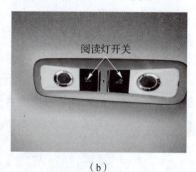
（b）

图 3-9-4　阅读灯开关

（a）汽车驾驶座顶棚阅读灯开关；（b）汽车后排顶棚阅读灯开关

门控灯开关位于汽车驾驶舱前排位置，如图 3-9-5 所示。

图 3-9-5　门控灯开关

2.3 灯光开关标志介绍

为了方便广大用户对于灯光的使用，各品牌车型对于灯光的开关标志均统一制定。常见的灯光标志如表 3-9-1 所示。

表 3-9-1　灯光开关标志

序号	灯光	标志	序号	灯光	标志
1	示廓灯	≡OC≡	5	危险警报灯	△
2	近光灯	≡D	6	阅读灯	
3	前雾灯		7	门控灯	DOOR
4	后雾灯				

2.4 灯光的正确使用

（1）拨杆式灯光组合开关操作。

① 关闭全车灯光。当灯光组合开关旋钮上的指示箭头与灯光标记"OFF"对齐时，全车灯光处于关闭状态，此时灯光组合开关旋钮的位置如图 3-9-6 所示。有的车型将灯光指示标记放在了开关旋钮上，如本田车（如图 3-9-7 所示），虽说位置有所变化，但是标记的含义是不变的。

灯光的正确使用

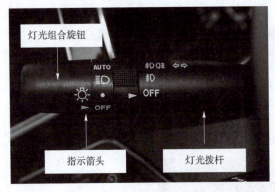

图 3-9-6　全车灯光关闭时灯光组合开关旋钮的位置

图 3-9-7　本田车辆灯光组合开关

② 开启示廓灯、牌照灯。当灯光组合开关旋钮向前转动一挡，即指示箭头与 ≡OC≡ 或 ● 挡对齐时，示廓灯和牌照灯亮。

③ 开启近光灯。当灯光组合开关旋钮由"OFF"挡向前转动两挡，即指示箭头与 ≡D 对齐时，近光灯点亮，同时②中的灯光点亮。

④ 开启远光灯。在近光灯打开的状态下，将灯光拨杆向前推则打开远光灯；将拨杆拉回原来的位置则关闭远光灯。一般来说，近光灯用图标 ≡D 表示，远光灯则用图标 ≡D 表示。

⑤ 开启远近光交替。向后拉灯光拨杆则开启远光灯，松开灯光拨杆则关闭远光灯，如此反复操作从而实现远近光交替，也就是"光喇叭"功能。

⑥ 开启前后雾灯。雾灯的功能区域在灯光拨杆的后部分，功能分布如图 3-9-8 所示。开启雾灯前，需要先将灯光组合开关旋钮旋至示廓灯或近光灯位置，然后将雾灯开关旋钮

向上旋转一挡,即由"OFF"旋至 位置,前雾灯被开启。继续向上再旋转一挡,即由 旋至 位置,后雾灯被开启,同时前雾灯依旧处于开启状态。将雾灯开关旋至"OFF"位置,即关闭雾灯。

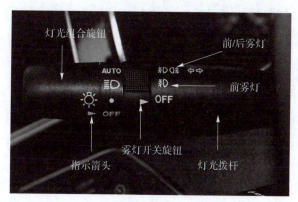

图 3-9-8　雾灯功能区分布

⑦开启转向灯。

向下拨动灯光拨杆,开启左转向灯;向上拨动灯光拨杆,开启右转向灯,操作如图 3-9-9 所示。开启转向灯时,仪表盘上会有绿色箭头闪烁,同时还有"嗒嗒"的响声作为提示音。转向结束后回正方向盘,灯光拨杆会自动到中间位置,自动关闭转向灯。转向灯不受灯光组合旋钮"OFF"挡的限制。

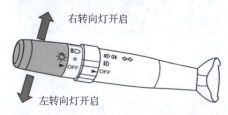

图 3-9-9　转向灯开启示意图

(2)旋钮式灯光组合开关操作。

旋钮式灯光组合开关如图 3-9-10 所示。

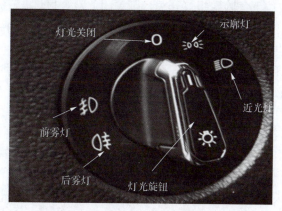

图 3-9-10　旋钮式灯光组合开关

① 关闭全车灯光。灯光旋钮对准灯光关闭位置"●"时，全车灯光关闭。

② 开启示廓灯、牌照灯。灯光旋钮沿顺时针方向转动一挡，至示廓灯位置时，示廓灯、牌照灯点亮。

③ 开启近光灯。灯光旋钮在示廓灯基础上再一次沿顺时针方向转动一挡，至近光灯位置时，近光灯开启。

④ 开启远光灯。近光灯开启后，向前推动灯光拨杆，远光灯开启，这与拨杆式灯光组合开关的操作方法一致。

⑤ 远近光交替。与拨杆式灯光组合开关的操作方法一致。

⑥ 雾灯操作。将灯光旋钮旋至示廓灯位置，向外将灯光旋钮拉出一挡，前雾灯开启，再向外拉出一挡，前后雾灯同时开启。

⑦ 转向灯开启。与拨杆式灯光组合开关的操作方法一致。

旋钮式灯光组合开关的灯光拨杆如图 3-9-11 所示，其位置同样安装在方向盘左前方转向柱上。

图 3-9-11 旋钮式灯光组合开关的灯光拨杆

（3）其他灯光操作。

① 开启倒车灯。将换挡杆拨至倒挡位置"R"时倒车灯点亮，将换挡杆拨至其他挡位时倒车灯熄灭。

② 开启刹车灯。当踩动刹车时刹车灯点亮，提醒后面车辆减速慢行。

③ 开启危险警报灯。按下危险警报灯开关，则汽车前后转向灯同时闪烁，以提示过往车辆及时避让；再次按下危险警报灯开关，则关闭危险警报灯。

④ 开启阅读灯。找到开关按下即可打开阅读灯，再次按下开关则阅读灯关闭。品牌不同阅读灯的符号也不一样，但所在的位置大致相同。

⑤ 开启门控灯。门控灯开关共有三个挡位，"OFF"挡持续关闭门控灯；"ON"挡持续打开门控灯；"DOOR"位置也就是将开关放置中间位置时，若打开车门或关闭点火开关，门控灯会立即自动打开。关闭车门后 20 s 左右，门控灯关闭。

（4）灯光状态检查。

及时维护车外灯具对驾驶员至关重要，因为这不仅影响到行车的舒适性，而且还直接关系到行车的安全性。因此各品牌针对检查灯光都有相对应的手势，两人相互配合，一人在车外打手势，另一人在车内打开相应灯光，这样可以同时检查灯光执行器、开关、仪表显示灯。

任务 10 雨刮器的使用

一、任务信息

任务 10 雨刮器的使用			
学时	2	班级	
成绩		日期	
姓名		教师签名	
案例导入	一位客户向4S店工作人员抱怨雨刮器开关上的含义和功能不清楚,需要工作人员进行一个简单的介绍和操作演示		
任务目标	知识	(1)掌握雨刮器的功能和使用注意事项; (2)熟知雨刮器开关上各挡位标记的含义	
	技能	能够正确使用雨刮器	
	素养	(1)树立安全操作意识、6S意识; (2)培养职业规范意识、团队协作能力	

二、任务流程

(一)任务准备

(1)实训车辆4台、车身保护用具4套、四件套4套、挡块若干。
(2)视频资源1个。

(二)任务实施

说明:请查看相关的视频资源、文档资源和参考信息,完成以下工作任务。

1. 工作表

正确使用雨刮器

(1) 雨刮器使用注意事项。
_____
_____

(2) 你认为使用雨刮器和喷水器是起动车辆好还是不起动车辆好？为什么？
_____
_____

(3) 有些车型雨刮器的拨杆上有"AUTO"字样，简述它的含义和功能。
_____
_____

(4) 观察下图，填写功能开关的含义。

(5) 写出下列符号开关分别对应的控制装置。

(6) 组间互评：相互提问相互考核。
_____
_____

(7) 进行场地 6S。

2. 参考信息

2.1 雨刮器介绍

雨刮器俗称刮水器，其作用是来清除风窗玻璃上的雨水、雪和尘土，以确保驾驶员具有良好的能见度，保障汽车行驶的安全性。目前汽车上广泛使用的是电动雨刮器，且前挡风玻璃处和后挡风玻璃处均有雨刮器，如图3-10-1所示。

图 3-10-1　汽车雨刮器

（a）前挡风玻璃处雨刮器；（b）后挡风玻璃处雨刮器

2.2 雨刮器开关介绍

雨刮器由雨刮器组合开关进行控制，开关一般位于汽车方向盘下方，转向柱右侧位置，如图3-10-2所示。其挡位一般包括MIST（点动）、INT（间歇）、LO（低速）、HI（快速）四个挡位，有的车型还增加了AUTO挡位，也有的车型将LO和HI改为数字挡位，如红旗H7车型。

2.3 雨刮器的正确使用操作

（1）找到实训车辆雨刮器，检查雨刮器胶条是否完好。

（2）进入车内，进行前雨刮器的操作，开关如图3-10-3所示。

雨刮

图 3-10-2　雨刮器开关　　　　　　　图 3-10-3　前雨刮器开关

① 喷水操作。将雨刮器拨杆向后拉，喷水器将喷出玻璃水进行清洁，雨刮摆动。

②MIST：点动刮水。向下拨动手柄，拨一下刮一下，松开手柄后，手柄会自动回到原始位置。

③OFF：关闭雨刮器。

④AUTO：自动刮水。从 OFF 位置向上拨动一个挡位，该挡位通过汽车挡风玻璃前端的雨量传感器来判断雨量的大小，从而调节刮水的速度。传感器的灵敏度可以通过拨杆中间的雨量感应敏感度调节旋钮来进行调节。

⑤1（也是 LO 挡位）：慢速刮水。从 OFF 位置向上拨动两挡，雨刮器即置于该挡位。处于该挡位时，雨刮器会慢速刮水，间隔时间会稍短一些。

⑥2（也是 HI 挡位）：快速刮水。从 OFF 位置向上拨动三挡，雨刮器即置于该挡位。处于该挡位时，雨刮器会快速刮水，间隔时间最短。

有的雨刮拨杆有 INT 挡位，该挡位表示间歇刮水。雨刮器处于该挡位时，雨刮器两次摆动的间隔时间会比 LO 和 HI 挡位的间隔时间长。

(3) 进行后雨刮器的操作。具有后雨刮器的汽车，一般雨刮器开关如图 3-10-2 中所示的旋钮式。

①喷水操作。将旋钮向下旋转，使图标 与指示标记对齐，后雨刮器开始喷水，并进行摆动，松开旋钮后自动回到 OFF 位置。

②OFF：关闭后雨刮器。

③INT：间歇刮水。从 OFF 挡向上旋转一个挡位，将 INT 与指示标记对齐，即打开该挡位。

④ON：后雨刮器常开。从 OFF 挡向上旋转两个挡位，将 ON 与指示标记对齐，即打开该挡位。通常雨雪天可以打开，为驾驶员提供良好的后方视野，提高行车安全性。

⑤ : 亦是喷水挡位。

2.4 雨刮器使用注意事项

如果平时不注意保养，雨刮器也会出现问题，为雨雾天气行驶埋下安全隐患。只有对雨刮器进行正确保养，才能保持驾驶视野清晰。

(1) 避免雨刮器干刮。一些车主在行车前经常通过雨刮器清理玻璃上的灰尘杂物，不喷水就干刮，这很容易对雨刮器胶条造成损伤。在清理玻璃上的灰尘之前最好先喷水，当玻璃足够湿润之后再启动雨刮器。

(2) 保持雨刮器清洁。汽车挡风玻璃上或者雨刮条上不小心沾上油渍，则清洁能力会大打折扣。如果发现玻璃上有油渍，最好用玻璃清洗液擦拭雨刮条和玻璃。

(3) 定期检查雨刮器。应定期检查不同速度下雨刮器是否保持一定速度运行。检查雨刮杆是否存在摆动不均匀或漏刮的现象。如果雨刮器未正常工作，则意味着雨刮条可能损坏，需要更换。另外，雨刮器工作时，如果声音过大就表示雨刮条过分压向玻璃，应当适当调校。

任务 11　电动车窗的使用

一、任务信息

\\	任务 11　电动车窗的操作		
学时	2	班级	
成绩		日期	
姓名		教师签名	
案例导入	一位客户在使用车窗时发现只有主驾驶侧车窗可以升降，到4S店查看后发现是由于车窗锁止按钮被按下，工作人员为客户针对车窗的使用做了简单的介绍		
任务目标	知识	（1）了解车窗控制开关的位置； （2）熟知车窗控制开关的功能	
	技能	能够正确操纵电动车窗	
	素养	（1）树立安全操作意识、6S意识； （2）培养职业规范意识、团队协作能力	

二、任务流程

（一）任务准备

（1）实训车辆4台、车身保护用具4套、四件套4套、挡块若干。
（2）视频资源1个。

（二）任务实施

说明：请查看相关的视频资源、文档资源和参考信息，完成以下工作任务。

1. 工作表

电动车窗的操作

（1）观察下图，完善功能开关的含义。

（2）简述如何检查车窗的防夹功能。
_____
_____

（3）按下如图所示按钮，坐在（   ）位置的人可以进行车窗玻璃升降操作。

（4）如下图所示，车窗升降开关上带有"AUTO"字样，它的含义是什么？

_____
_____

（5）写出下列车窗对应的控制形式。

_____   _____

（6）组间互评：相互提问相互考核。
_____
_____
_____

（7）进行场地 6S。

2. 参考信息

车窗是整个车身的重要组成部分，是为了满足车内采光、通风及驾乘者视野的需要而设计的。通常车窗指的是前后风窗、侧窗及车门窗，这里也仅有车门窗是可以通过控制开关打开的。

2.1 车窗控制形式

车窗根据控制形式不同可以分为传统转动摇柄车窗和电动车窗，如图 3-11-1 所示。所谓电动天窗就是用伺服电动机驱动玻璃的升降，使驾驶员在行车过程中也能安全方便且轻松地开关车窗。

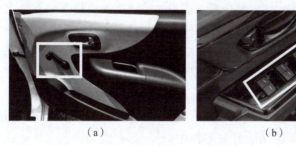

（a） （b）

图 3-11-1　车窗类型

（a）传统转动摇柄车窗；（b）电动车窗

2.2 电动车窗开关介绍

（1）车窗升降开关。

主驾驶侧车门有能控制全车车窗升降的开关，如图 3-11-1（b）所示。副驾驶侧与后排车窗均有独立的车窗升降开关，如图 3-11-2 所示。

（2）车窗锁止开关。

驾驶员可以根据情况对其他车窗电动调节机构进行锁止，以免乘客误操作发生危险，即驾驶员可通过按下车窗锁止开关（其图标如图 3-11-3 所示）关闭全车的玻璃升降，使其他位置的车窗升降按钮失去升降功能，这时只有驾驶员位置的车窗玻璃可以升降。

图 3-11-2　左后车窗升降开关

图 3-11-3　车窗锁止开关

（3）车窗一键升降。

在中高档车型中我们会看到有的车窗升降按键上有 AUTO 字样，这就代表该车具有车窗一键升降的功能。配有车窗一键升降的控制开关具有上下两挡，第一挡和普通电动车窗一样，第二挡通过按/提后放开，车窗将自动完全开启或者完全关闭。该功能主要是方便驾乘者使用，避免驾驶员开关车窗分散注意力，提高安全系数。同时，这种车窗配备了防夹功能，使车窗在自动升起过程中，一旦遇到阻力就自动下降或停止上升，防止人员夹伤。

2.3 车窗的使用操作

（1）操作主驾驶侧车窗控制开关。

主驾驶侧车窗的功能开关包括四车门车窗升降开关、一键升降开关和车窗锁止开关，其位置如图 3-11-4 所示。

电动车窗的使用

① 操作左前车窗升降开关：该开关带有 AUTO 字样，具有车窗一键升降功能。将开关按下（提升）在一挡位置，玻璃会下降（上升），松开开关，玻璃升降动作停止；将开关按下（提升）在二挡位置并松开，玻璃将会自动升降直到完全打开或关闭。

② 操作右前车窗升降开关：若有一键升降功能则操作方法和左前车窗一样。若无一键升降功能，则需要将开关按下（提升），车窗才能下降（上升），松开开关车窗动作停止。

③ 操作左后车窗升降开关：与右前车窗升降开关操作方法相同。

④ 操作右后车窗升降开关：与右前车窗升降开关操作方法相同。

⑤ 操作车窗锁止开关：按下车窗锁止开关，并操作主驾驶侧车窗控制开关以及其他车门车窗控制开关，实际了解该功能开关的作用。

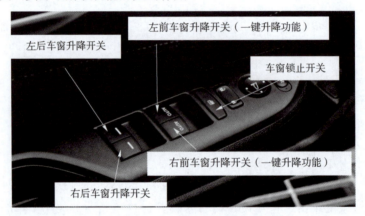

图 3-11-4　主驾驶员侧车窗总控开关

（2）操作其他车门车窗控制开关。

其他车门车窗控制开关操作方法与主驾驶侧车窗控制开关相同，有的高档车型在其他车门车窗同样配备了一键升降的功能。

（3）检查一键升降功能车窗的防夹功能。

为了安全起见可以选用空的矿泉水瓶，放在带有防夹功能的车窗处，让车窗自动升起，如在碰到水瓶的瞬间车窗停止上升并下降，则防夹功能完好，反之则需要对其进行检查。

任务 12　天窗的使用

一、任务信息

任务 12　天窗的使用			
学时	2	班级	
成绩		日期	
姓名		教师签名	
案例导入	一位客户在进行天窗操作时抱怨不能精准地调节天窗开度和倾斜度，需要店内工作人员进行讲解和操作示范		
任务目标	知识	（1）了解天窗的功能； （2）掌握天窗控制按键的位置和标记含义	
	技能	能够正确使用天窗	
	素养	（1）树立安全操作意识、6S 意识； （2）培养职业规范意识、团队协作能力	

二、任务流程

（一）任务准备

（1）实训车辆 4 台、车身保护用具 4 套、四件套 4 套、挡块若干。
（2）视频资源 1 个。

（二）任务实施

说明：请查看相关的视频资源、文档资源和参考信息，完成以下工作任务。

1. 工作表

天窗的使用

(1) 观察下图,完善功能开关的含义。

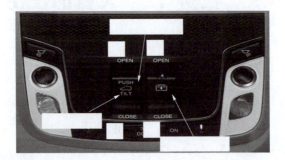

(2) 你认为天窗应该在什么情况下使用?
_____
_____

(3) 简述如何检查天窗的防夹功能。
_____
_____
_____

(4) 天窗的调节方式有哪些?
_____
_____
_____

(5) 如下图所示,天窗处于(　　　)状态。

(6) 组间互评:相互提问相互考核。
_____
_____
_____

(7) 进行场地 6S。

2. 参考信息

汽车天窗安装于车顶（如图 3-12-1 所示），能够增加新鲜空气的进入，保持车内新鲜空气的流通，提高车内空气的舒适性，减轻驾驶员的疲劳。同时汽车天窗也可以开阔视野以及满足移动摄影摄像的需求。

图 3-12-1　汽车天窗

2.1 天窗的调节形式

（1）天窗滑动：天窗前后滑动，可以完全打开、部分打开和关闭，如图 3-12-2 所示。

（2）天窗倾斜：倾斜操作可以使车顶天窗的后侧倾斜打开，从而提供良好的通风，如图 3-12-3 所示。

图 3-12-2　天窗滑动打开

图 3-12-3　天窗倾斜打开

2.2 天窗遮阳帘/板

天窗遮阳帘/板在天窗下方紧贴着天窗，打开天窗时遮阳帘/板会自动打开，如果需要关闭则要进行开关操作。天窗遮阳帘/板的打开或关闭将影响车内的采光，可以根据驾乘者的需要进行相关的操作。天窗遮阳帘的位置如图 3-12-4 所示。

2.3 天窗防夹功能

目前大部分车辆的天窗有防夹功能，和车窗的防夹功能相同，可防止天窗夹住大的物品。关闭天窗时如果天窗运动受阻，天窗停止关闭并随之立即打开。

图 3-12-4　天窗遮阳帘

2.4 天窗的正确使用

（1）天窗控制开关位置。

天窗控制开关位于汽车前排顶棚中间位置，临近阅读灯、车门灯，如图 3-12-5 所示。

天窗的正确使用

（2）天窗的功能操作。

不同车型的天窗的按键布置和功能不尽相同，图 3-12-6 为本田 CRV 天窗按键分布图。

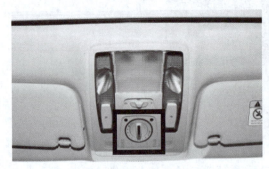

图 3-12-5 天窗控制开关

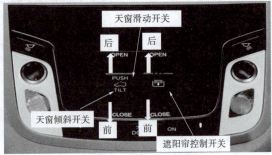

图 3-12-6 本田 CRV 天窗按键分布

① 天窗滑动操作。

天窗滑动开关如同车窗一键升降功能开关一样，具有两个挡位。将滑动开关向后推（向前推）在一挡位置可以完成天窗的前后滑动，松开开关之后天窗停止滑动，此时天窗处于半开状态；将滑动开关向后推（向前推）在二挡位置并松开，天窗将自动完全打开或完全关闭；中途若要天窗停止移动，推按开关。

② 天窗倾斜操作。

找到车窗按键"TILT"位置，向上推动按键，天窗倾斜打开；如需要关闭倾斜状态，则需要向前推动开关并松开。

③ 天窗遮阳帘操作。

天窗遮阳帘开关同样有两个挡位。将开关向后推（向前推）在一挡位置不放可以完成天窗遮阳帘的打开和关闭，在合适位置松开开关天窗遮阳帘即停止移动；将开关向后推（向前推）在二挡位置并松开，天窗遮阳帘将自动完全打开或完全关闭；中途若要天窗遮阳帘停止移动，则短触开关。

任务 13　中控门锁的使用

一、任务信息

任务 13　中控门锁的使用		
学时	2	班级
成绩		日期
姓名		教师签名
案例导入	一位客户在4S店购买了新车之后，对于中控门锁的操作不是特别了解，要求销售顾问进行详细讲解，如果你是销售顾问，你会怎样介绍中控门锁？	
任务目标	知识	（1）了解门控锁的功用； （2）掌握中控门锁的使用
	技能	能够正确使用中控门锁
	素养	（1）树立安全操作意识、6S意识； （2）培养职业规范意识、团队协作能力

二、任务流程

（一）任务准备

（1）实训车辆4台、挡块若干、车身保护用具4套、四件套4套。
（2）视频资源1个。

（二）任务实施

说明：请查看相关的视频资源、文档资源和参考信息，完成以下工作任务。

1. 工作表

中控门锁的使用

（1）观察下图，中控门锁的总开关在什么位置？请在下图中圈出来。

（2）观察下图，车门锁分开关在什么位置？请在下图中圈出来。

（3）门控锁的功用是什么？

_____

_____

（4）如果主驾驶与其他位置同时操作门控锁，以谁的指令为准呢？

_____

_____

（5）组间互评：相互提问相互考核。

_____

_____

_____

（6）进行场地 6S。

2. 参考信息

2.1 中控门锁简介

汽车中控门锁（简称中控门锁）是为了汽车的使用方便和安全，对四个车门的锁闭和开启实行集中控制。其控制开关分为中控门锁总开关和中控门锁分开关。

2.2 门控锁的功能

（1）中央控制。

驾驶员锁住身边的车门时，其他车门也同时锁住，驾驶员通过中控门锁开关同时打开各个车门，也可单独打开某个车门。

门控锁

（2）速度控制。

行车速度达到一定值时，各个车门能自行锁定。有的汽车品牌并没有此功能，需要自行购买相应控制器来实现。

（3）单独控制。

除驾驶员身边车门以外的其他车门，设置有分开关（如图3-13-1所示），可独立控制一个车门的打开和锁闭。

图 3-13-1　车门锁分开关

2.3 中控门锁的基本原理

中控门锁的工作原理是将电能转化为机械能，用电动机带动齿轮转动来开关车门，其主要由门锁开关、门锁执行机构和门锁控制器组成。

（1）门锁开关。

大多数中控门锁的开关由总开关和分开关组成，总开关装在驾驶员身旁的车门上，总开关可将全车所有车门锁闭或打开；分开关装在其他各车门上，可单独控制一个车门的锁闭和打开。

（2）门锁执行机构。

门锁执行机构受门锁控制器的控制，执行门锁的锁闭和开启任务，主要有电磁式、直流电动机式和永磁电动机式三种结构。

（3）门锁控制器。

门锁控制器是为门锁执行机构提供锁闭/开启脉冲电流的控制装置，具有控制执行机构通电电流方向的功能,同时为了缩短工作时间,具有定时的功能。

2.4 中控门锁的遥控操作

中控门锁的无线遥控功能是指在车外,不用把钥匙插入锁孔中,就可以远距离开门和锁门。 遥控的基本原理是:从车主身边的遥控车钥匙发出微弱的电波,由汽车天线接收该电波的信号,经电子控制器(ECU)识别信号代码,再由该系统的执行器(电动机或电磁线圈)执行开启、锁闭的动作。

2.5 门控锁使用操作

(1)找到中控门锁总开关和分开关。

汽车中控门锁总开关在驾驶员左侧车门上,为黑色长条形按钮,其位置如图 3-13-2 所示。中高档车型在副驾驶侧也配有中控门锁总开关。分开关在每个车门上。

(2)中控门锁操作。

① 打开全部车门:在车门锁全部关闭的情况下,按下 🔓 键后四车门将全部解锁,可以打开。

② 关闭全部车门:在车门锁全部开启的情况下,按下 🔒 键后四车门将全部锁止,在车内或车外无法打开。

③ 单独打开/关闭某一车门:找到车门锁分开关,将开关向外扳动,车门将解锁;将开关向内扳动,车门将锁止。

图 3-13-2　中控门锁总开关

任务 14　儿童锁的使用

一、任务信息

任务14　儿童锁的使用			
学时	2	班级	
成绩		日期	
姓名		教师签名	
案例导入	一位客户在4S店购买了新车之后,为了防止儿童在行车过程中在车内打开车门而造成危险,向销售顾问询问如何避免。如果你是销售顾问,将如何将儿童锁介绍给客户？		
任务目标	知识	(1)了解儿童锁的功用; (2)掌握儿童锁的使用	
	技能	能够正确操纵儿童锁	
	素养	(1)树立安全操作意识、6S意识; (2)培养职业规范意识、团队协作能力	

二、任务流程

（一）任务准备

（1）实训车辆4台、挡块若干、车身保护用具4套、四件套4套。
（2）视频资源1个。

（二）任务实施

说明：请查看相关的视频资源、文档资源和参考信息，完成以下工作任务。

1. 工作表

儿童锁的使用

（1）儿童锁的功用是什么？

（2）儿童锁的种类有哪些？

（3）儿童锁一般在车内什么位置？

（4）你的实训车辆上儿童锁是怎样锁止和解锁的？

（5）组间互评：相互提问相互考核。

（6）进行场地 6S。

2. 参考信息

2.1 儿童锁简介

汽车儿童锁又称车门锁儿童保险,其作用是当后排坐上儿童后,可防止好动又不懂事的儿童在行车过程中把门打开,只能等停车后由大人在车外开门,从而避免危险。

儿童锁

2.2 儿童锁开关的形式

目前几乎所有车辆都标配了儿童锁,其开关控制形式常见有三种:旋钮式(如图3-14-1所示)、拨杆式(如图3-14-2所示)和电子式(如图3-14-3所示)。

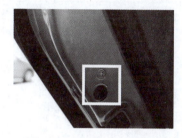  

图 3-14-1　旋钮式儿童锁　　　图 3-14-2　拨杆式儿童锁　　　图 3-14-3　电子式儿童锁

2.3 儿童锁的检查

儿童锁检查是一项重要的保养操作,检查方法很简单,即汽车熄火前将后车窗降至最低,分两步完成检查。

(1)将儿童锁拨杆拨至开启位置(电子儿童锁则在驾驶员位置将儿童锁打开)。先在车外关上车门,再将手从车窗伸入车内打开车门,如果能顺利打开车门,说明儿童锁开启(复位)状态正常。

(2)将儿童锁拨杆拨至锁闭位置(电子儿童锁则在驾驶员位置将儿童锁关闭)。依旧是先在门外打开车门,然后关上车门,再将手从车窗伸入车内试图打开车门,如果不能打开车门,说明儿童锁关闭(锁止)状态正常。

2.4 儿童锁操作

以拨杆式儿童锁为例介绍儿童锁操作,如图3-14-4所示。

(1)启动儿童锁。拨动拨杆与儿童锁启动图标🚸相对应,此时儿童锁启动,在车内无法打开车门。

(2)解除儿童锁。拨动拨杆与儿童锁解除图标🚸相对应,此时儿童锁解除,可以从车内打开车门。

由于旋钮式儿童安全锁需要使用钥匙(或钥匙状物体)插到相应的孔中才能转动旋钮开关进行启动及解除操作,因此,对比起来,拨动式儿童安全锁使用起来更加方便。

图 3-14-4　拨杆式儿童锁示意图

任务 15　仪表的使用

一、任务信息

任务 15　仪表的使用			
学时	2	班级	
成绩		日期	
姓名		教师签名	
案例导入	一位客户在 4S 店购买了新车之后,打开点火开关没有起动汽车的时候在仪表盘上会出现一些红色警报灯、黄色警报灯和绿色指示灯。作为销售顾问的你,如何向客户解释这些警报灯和指示灯的含义呢?		
任务目标	知识	（1）了解警报灯的等级; （2）掌握常见警报灯的含义	
	技能	能够识别汽车仪表的类型和含义	
	素养	（1）树立安全操作意识、6S 意识; （2）培养职业规范意识、团队协作能力	

二、任务流程

（一）任务准备

（1）实训车辆 4 台、挡块若干、车身保护用具 4 套、四件套 4 套。

（2）视频资源 1 个。

仪表

（二）任务实施

说明：请查看相关的视频资源、文档资源和参考信息,完成以下工作任务。

1. 工作表

仪表的使用

（1）仪表盘上警报灯的作用是什么？

___

___

___

（2）当点火开关打到 ON 挡之后，仪表盘上会出现红色、黄色的警报灯和绿色指示灯，这些颜色都代表什么含义呢？

___

___

___

___

（3）观察下图，回答问题。

① 请写出图中所包含的仪表。

___

___

② 请写出图中警报灯的含义。

___

___

(4)打开点火开关,观察实训车辆仪表上的警报信号和指示信号,并完成下列表格。

警报信号、指示信号记录表

序号	内容
1	实训车行驶里程数:_____
2	当前车外温度:_____
3	观察并记录点火开关在ON挡时仪表上的指示灯,再将车辆起动,记录哪些灯熄灭了,并且说明熄灭的原因是什么。 (写出指示灯名称并简要画出指示灯符号)

(5)操作灯光开关,观察仪表盘的变化。

仪表盘变化记录表

序号	操作内容	对应指示灯是否点亮	
1	开启示廓灯	□是	□否
2	开启近光灯	□是	□否
3	开启远光灯	□是	□否
4	开启前雾灯	□是	□否
5	开启后雾灯	□是	□否
6	开启左转向灯	□是	□否
7	开启右转向灯	□是	□否
8	开启危险警报灯	□是	□否

(6)组间互评:相互提问相互考核。
_____
_____
_____

(7)进行场地6S。

2. 参考信息

2.1 汽车组合仪表介绍

汽车仪表盘可以帮助驾驶员随时掌握车辆各系统的工作状况，包含各种仪表、液晶多功能显示屏和警报/指示灯。不同品牌不同车型的仪表不尽相同。

汽车组合仪表位于方向盘正前方的仪表台上，如图 3-15-1 所示。

图 3-15-1　汽车组合仪表的位置

2.2 汽车组合仪表的组成

（1）汽车常规仪表。

汽车常规仪表有车速表、发动机转速表、里程表、燃油表、水温表等。2021 款红旗 H7 的转速表、车速表、燃油表和水温表如图 3-15-2 所示。

图 3-15-2　2021 款红旗 H7 的组合仪表

① 水温表：显示发动机冷却液的温度，有的车型为指针式，有的车型为屏幕显示，如 2021 款东风本田 CRV。

② 发动机转速表：显示发动机实时转速的仪表，一般为指针式，单位为 1 000 r/min。

③ 车速表：显示汽车实时行驶速度的仪表，一般为指针式，单位为 km/h。

④ 燃油表：显示燃油箱剩余燃油数量。

（2）液晶多功能显示屏。

液晶多功能显示屏向驾驶员提供各种与行驶相关的信息，包括总里程/日里程、车外环境温度、驾驶指南、车辆状态信息、挡位信息等。例如 2021 款红旗 H7 轿车的里程表、平均车速、挡位显示、蓝牙电话等均用多功能显示屏显示，显示区域位于组合仪表中部，如图 3-15-3 所示。

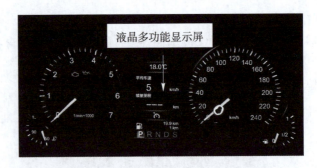

图 3-15-3　2021 款红旗 H7 液晶多功能显示屏

其中，车外环境温度显示、里程数、平均车速、挡位信息如图 3-15-4 所示。

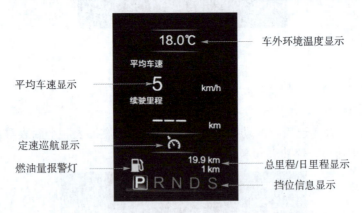

图 3-15-4　2021 款红旗 H7 液晶多功能显示屏

① 车外环境温度显示：显示车外环境实际温度，单位为℃。

② 平均车速显示：显示当前汽车行驶的平均车速，在当前界面内可短按清零键将数据归零。

③ 挡位信息显示：显示自动变速器当前挡位。P 为驻车挡，R 为倒挡，N 为空挡，D 为前进挡。

④ 总里程 / 日里程显示：显示汽车行驶的公里数及当日汽车行驶的里程数。

（3）仪表警报 / 指示灯。

仪表警报 / 指示灯用于对汽车状态发出警报，提示汽车存在故障，或指示汽车不同的功能状态。打开点火开关时某些警报 / 指示灯将点亮，一旦发动机开始转动或汽车开始行驶，警报 / 指示灯应熄灭。根据汽车配置，组合仪表可能显示符号，而非警报 / 指示灯。某些警报 / 指示灯点亮时系统还可能发出声响警报。

准确辨认仪表盘上的数据，是每一个驾驶员所必备的能力。如今，汽车技术新月异，大量先进技术被运用到了汽车上，汽车仪表盘上的指示灯与中控台上的指示按钮也变得越来越繁杂。表 3-15-1 为常见的汽车仪表警报 / 指示灯及其含义。

表 3-15-1　常见的汽车仪表警报/指示灯及其含义

序号	名称	图标	含义
1	冷却系统故障警报灯		当冷却液温度过高时，该警报灯闪亮；当冷却液位过低时，该警报灯常亮
2	发动机监控警报灯		当点火开关处于ON位置、发动机未起动时，该警报灯点亮；发动机起动后该指示灯应该熄灭，如果常亮或闪烁，说明发动机有故障，应该马上去汽车修理厂检修
3	充电故障指示灯		当点火开关处于ON位置、发动机未起动时，该警报灯指示灯点亮；发动机起动后该指示灯应该熄灭，如果常亮，说明发电机有故障，应该马上去汽车修理厂检修
4	ESP指示灯		该指示灯反映车身电子稳定系统的状态。亮起时，说明车身电子稳定系统有可能出现故障
5	ABS故障警报灯	(ABS)	当ABS（防抱死制动系统）出现故障时，该警报灯常亮
6	电子助力转向（EPS）系统指示灯		当EPS（电动助力转向）出现故障时，该指示灯常亮
7	制动系统故障警报灯	(!)	当制动系统出故障时，如制动液液位过低等，该警报灯常亮
8	安全气囊故障指示灯		当安全气囊出现故障时，该指示灯常亮。当点火开关转至ON状态时，该指示灯常亮3~4 s，若安全气囊正常，则熄灭；若不熄灭，则安全气囊模块有故障
9	机油压力故障指示灯		当点火开关处于ON位置、发动机未起动时，该指示灯点亮；发动机起动后该指示灯应该熄灭，如果常亮，说明机油压力过低，应该马上熄火检修
10	安全带未系警报灯		当驾驶者和前排乘客未系紧安全带时，蜂鸣器鸣响且该警报灯点亮；系紧安全带后蜂鸣器停止鸣响且该警报灯熄灭
11	电子驻车制动指示灯	(P)	驻车制动处于拉紧状态时该指示灯常亮
12	左右转向/危险警报灯指示灯	⇦ ⇨	当危险警报灯开关打开时，组合仪表位置该指示灯常亮
13	示廓灯指示灯		当示廓灯开关打开时，组合仪表位置该指示灯常亮
14	远光灯指示灯		当远光灯开关打开时，组合仪表位置远光灯该指示灯常亮
15	前雾灯开启指示灯		当前雾灯开关打开时，组合仪表位置该指示灯常亮
16	后雾灯开启指示灯		当后雾灯开关打开时，组合仪表位置该指示灯常亮

续表

序号	名称	图标	含义
17	车门、行李箱盖、发动机箱盖、天窗未关指示灯		车门等未关好时，该指示灯常亮；车门等关好后该指示灯熄灭
18	低燃油指示灯		当燃油量不足时，该指示灯常亮，这时应及时到加油站补充燃油
19	胎压监测系统指示灯		当轮胎漏气或四轮胎压不均该指示灯常亮
20	系统信息指示灯		检测到故障时该指示灯点亮并发出滴的一声，在驾驶员信息界面上同时出现系统信息

任务 16　空调的使用

一、任务信息

任务 16　空调的使用		
学时	2	班级
成绩		日期
姓名		教师签名
案例导入	张女士今年7月份新买了一台东风本田XRV轿车，新提爱车的她非常开心，但最近却遇见了一件烦心事：由于对汽车空调的使用不熟悉，每天开车上班路上如同蒸桑拿，让她苦不堪言。你来给她支支招吧	
任务目标	知识	（1）了解手动空调控制面板上图标代表的含义； （2）掌握空调的通风、温度调节、空调车内外循环、除霜等模式的作用
	技能	能够正确使用空调
	素养	（1）树立安全操作意识、6S意识； （2）培养职业规范意识； （3）培养人际沟通能力和团队协作意识

二、任务流程

（一）任务准备

（1）车辆4台、各种维修设备若干、挡块若干。
（2）视频资源3个。

（二）任务实施

说明：请查看相关的视频资源、文档资源和参考信息，完成以下工作任务。

1. 工作表

空调的使用

（1）下图为汽车手动空调控制面板，请写出图片中各按钮或旋钮代表的含义。

（2）通过查阅资料或观看视频，如果想得到吹向挡风玻璃和脚部的空调暖风，并且暖风在车内循环，该怎样操作？
_____
_____

（3）通过查阅资料或观看视频，如果想得到吹向面部和脚部的空调冷风，并且冷风在车内循环，该怎样操作？
_____
_____

（4）前、后挡风玻璃和车窗起了霜雾，导致视线模糊，该如何处理（结合本节所学知识回答）？
_____
_____

（5）下图为汽车自动空调控制面板，汽车自动空调与手动空调相比，在哪些方面体现出了它的自动性？

_____
_____

（6）开展组内自评与组间互评。
_____
_____
_____

（7）进行实训场地 6S。

2. 参考信息

2.1 手动空调操作。

手动空调的通风模式、风量、温度等均为手动调节，可分别通过通风模式旋钮、风量调节旋钮和温度调节旋钮来完成，如图 3-16-1 所示。

手动空调的使用介绍

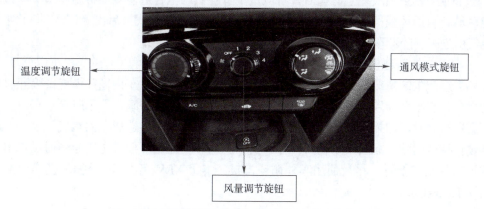

图 3-16-1　手动空调控制面板

（1）通风模式介绍。

通风模式有 5 个，如图 3-16-1 所示。按照顺时针方向，分别为吹脸模式、吹脸/吹脚模式、吹脚模式、吹脚/除霜模式、除霜模式。车内/车外循环模式切换按钮在风量调节旋钮的正下方（不同车型，位置可能有所不同）。

汽车通风模式介绍

① 吹脸模式：风量调节旋钮调至 1 挡及以上挡位，通风模式旋钮调至吹脸模式时，仪表台正对脸部的通风口出风。夏天开启空调吹冷风时，一般采用吹脸模式，如图 3-16-2 所示。

图 3-16-2　吹脸模式

② 吹脸/吹脚模式：风量调节旋钮调至 1 挡及以上挡位，通风模式旋钮调至吹脸/吹脚模式时，仪表台正对脸部的通风口和地板通风口出风，同时吹向脸部和脚部。该模式主要用于凉爽、阳光充足的天气条件，暖风流入地板区域，凉爽的车外空气会流向车身上部。

③ 吹脚模式：风量调节旋钮调至 1 挡及以上挡位，通风模式旋钮调至吹脚模式时，只有地板通风口出风，将暖风送至脚部。在冬天寒冷天气乘客感觉冻脚时，可以将温度和风

量都调至最大，短时间之内就可以使脚部感到温暖。

④ 吹脚 / 除霜模式：当玻璃上有薄雾，脚部又感觉冷时，将风量调节旋钮和温度调节旋钮调至合适位置，将通风模式旋钮调至吹脚 / 除霜位置，挡风玻璃下方的通风口和地板通风口同时出风，既可以除霜，又可以暖脚。

⑤ 除霜模式：当玻璃上有霜时，将风量调节旋钮调至合适位置，将温度调节旋钮调至红色区域，将通风模式旋钮调至除霜位置，开启车外循环模式（后面介绍），将车外干燥的空气引进来，降低车内湿度，以利于快速除霜。

⑥ 车内 / 外循环模式：当车内需要快速升温或降温时，可以选择开启车内循环模式；在车外雾霾严重的情况下驾车时，可以开启车内循环模式。但车内循环模式持续开启时间不能太久，否则会导致车内空气污浊，使驾驶员和乘客昏昏欲睡，严重时导致车内人员窒息。高速行驶时，如果车内密闭，仅使用车内循环模式很容易造成车内氧气不足，由此导致驾驶员疲劳驾驶，无法集中精力，存在安全隐患。车外循环模式主要起到通风作用，为了保证车内空气新鲜，尽量使用车外循环模式。本田 XRV 车内 / 车外循环模式切换按钮如图 3-16-3 所示。

图 3-16-3　本田 XRV 车内 / 车外循环模式切换按钮

（2）风量调节。

风量调节旋钮有 5 个位置，分别为 OFF、1、2、3、4。风量调节旋钮旋至 OFF 位置时，鼓风机关闭，出风口不出风。数字越大，出风量就会越大，一般根据实际需要选择风量的大小。

（3）温度调节。

温度调节旋钮周边有蓝色和红色标记，蓝色标记区域为低温区，红色标记区域为高温区。温度调节旋钮沿顺时针方向旋转，出风口温度升高；反之，出风口温度降低。天气炎热需要吹冷风时，将温度调节旋钮沿着逆时针方向旋至蓝色标记区域内，温度降低；天气变凉需要吹热风时，将温度调节旋钮沿着顺时针方向旋至红色标记区域内，温度升高。

（4）后窗除霜。

后窗除霜是通过对后挡风玻璃电热丝通电，使后挡风玻璃温度升高，从而除掉后挡风玻璃内外的霜雾。除霜结束后要及时关闭后窗除霜按钮（如图 3-16-4 所示），否则容易过度加热,浪费燃油。

图 3-16-4　后窗除霜旋钮

（5）空调制冷操作。

空调制冷按钮（A/C 按钮）如图 3-16-5 所示。按下 A/C 按钮,空调压缩机开始工作。将通风模式旋钮旋至吹脸模式或吹脸/吹脚模式,将风量调节旋钮旋至 1（或 2、3、4）的位置,将温度调节旋钮旋至蓝色标记区域,这时空调吹出来的就是冷风。将风量调节旋钮旋向顺时针方向可以加大风量,将温度调节旋钮旋向逆时针方向,可以降低温度。

图 3-16-5　空调制冷（A/C）按钮

2.2　半自动空调操作

半自动空调的通风模式、风量调节为手动调节,而温度调节是手动固定数值后,由电脑根据传感器采集到的温度变化来保持恒温。换句话说,就是设置某一温度后,压缩机可以实现间歇性工作,达到恒温的效果。这种空调在功能方面介于自动空调与手动空调之间。

2.3　自动空调操作

自动空调的通风模式、风量、温度等一切均为自动调节。如果手动设置温度,那么其他全部根据设定温度进行自动调节。一般来说,多数车型的顶配型号会将自动空调这项配置纳入配置表中。

2.4　空调操作的误区

（1）空调出风口方向随意调。

有的车主在使用空调时,不注意调整空调吹风的方向,这不利于发挥空调的最佳效果。

根据冷空气下沉、热空气上升的原理，正确的做法应该是：开冷气时将出风口向上，开暖气时将出风口向下。

（2）空调性能不良时才清洗空调。

有些车主总是要等到空调效果不好时，才想起清洗空调，这是不对的。空调滤清器要定期更换。北方地区春天沙尘较多，柳絮飘飞，这些都会沾在空调滤清器上，容易滋长细菌，使空调产生霉味，因此最好每年的春季过后更换一次空调滤清器。另外，冷凝器也要定时清洗，而且要将水箱拆下来，清洗才能彻底。图3-16-6所示为新旧空调滤清器对比。

图3-16-6　新旧空调滤清器对比

（3）长时间开着空调。

有的车主常常上车后就一直开着空调，然而长时间使用空调会使冷凝器压力过大，对制冷系统造成损耗，因此每次使用空调时间不宜过久。如果车内温度已经达到舒适的温度，就应该将其关闭，需要时再次打开。

2.5　空调使用小技巧

（1）开空调的时机。

不管车内是被太阳晒得温度很高，还是在车库里没有被晒，打着火十几秒钟后，待转速稍微稳定一下就可以马上开空调了。此时可以把风量调大，并且把四个窗户全部降下去。风量大可以把管路中的脏东西以及有害气体吹出来，然后从窗户疏散到车外。如果车被太阳晒过，此时车厢内的温度要高于外界，打开窗户后，车厢内的热空气也可以从窗户流出去，能够缩短空调的降温时间。这个时间不需要太长，一两分钟就可以了，此时空调出风口也有冷风出来了，就可以关闭窗户，把风量开到合适的位置。

汽车空调使用小技巧

（2）关空调的时机。

在即将到达目的地前两三分钟关闭空调开关，此时不关风量开关，让鼓风机继续吹风。这样做可以让风把蒸发箱吹干，防止滋生细菌。因为蒸发箱温度低，周围的水蒸气会遇冷凝结成小水滴，所以开空调时会有水往外滴，如果停车后水依然存在，时间久了就会产生霉菌，影响身体健康。

任务 17　多媒体的使用

一、任务信息

任务 17　多媒体的使用		
学时	2	班级
成绩		日期
姓名		教师签名
案例导入	一位客户在4S店购买了新车之后,在行驶途中想要收听收音机以及蓝牙音乐,但是对于收音机的选台、存台、频道切换,以及蓝牙音乐的进入方法不是特别明确,要求4S店服务人员详细讲解	
任务目标	知识	(1) 掌握多媒体的进入方法以及开关位置和音量调节方法; (2) 了解收音机FM与AM的区别
	技能	能够正确使用多媒体
	素养	(1) 树立安全操作意识、6S意识; (2) 培养职业规范意识、团队协作能力

二、任务流程

(一) 任务准备

(1) 实训车辆4台、挡块若干、车身保护用具4套、四件套4套。
(2) 视频资源5个。

(二) 任务实施

说明:请查看相关的视频资源、文档资源和参考信息,完成以下工作任务。

1. 工作表

多媒体的使用

(1) 观察下图中多媒体开关的位置,请在其下方打"√"。

(2) 使用多媒体时点火开关应该在什么挡位?
_____

(3) 收音机中 FM 与 AM 的区别是什么,收音机信号不好可能是什么原因造成的?
_____
_____
_____

(4) 根据你的实训车辆记录收音机存台的方法。
_____
_____
_____

(5) 根据你的实训车辆记录多媒体切换的方法。
_____
_____
_____

(6) 组间互评:相互提问相互考核。
_____
_____
_____

(7) 进行场地 6S。

2. 参考信息

2.1 多媒体的开关和音量调节

（1）找到多媒体开关位置。

将车钥匙插入钥匙孔，转到 ACC 挡（一键起动的车辆在不踩刹车的情况下按动一下起动键），仪表盘亮起来，各项电路通电完好，或者直接将车辆起动，找到多媒体开关。以红旗 E-HS3 为例，多媒体开关在屏幕的左下方，如图 3-17-1 所示。

多媒体开关和音量的调节

图 3-17-1　红旗 E-HS3 多媒体开关

（2）多媒体音量调节。

多媒体音量的调节方式有两种：一种是方向盘上左侧有一个滚轮，滚动滚轮能调节音量，如图 3-17-2 所示；另一种是在下拉菜单中有音量调节拉条，如图 3-17-3 所示。

图 3-17-2　音量调节（滚轮）

图 3-17-3　音量调节（音量调节拉条）

2.2 收音机的调频

在显示屏上可以拖动收音机频率条进行手动调频（如图 3-17-4 所示），也可以按动快进键手动搜索调频（如图 3-17-5 所示），还可以按动右下角的搜索键进行自动调频（如图 3-17-6 所示）。

2.3 电台收音机的播放

收音机可以播放 FM（调频电波）与 AM（调幅电波）两个频段的音频。两个音频有两种转换方式：第一种是按动屏幕，第二种是按动方向盘上的 Model 键，可以在喜欢的电台列表中选择电台播放。如图 3-17-7 所示，触

收音机调频

按收音机界面屏幕按键♡，进入喜爱电台列表，可以直接选择列表中的电台播放。

图 3-17-4　手动调频

图 3-17-5　手动搜索调频

图 3-17-6　自动调频

图 3-17-7　红旗车中的喜爱列表

（1）FM 与 AM 的区别。

FM 的信号接收范围仅为 16.65 km 以内。尽管收音机采用内置电路，可自动降低信号干扰，但仍可能会产生静电干扰，尤其是在高建筑或山附近，会造成声音时有时无。

AM 的信号接收范围比调频电台更广，尤其是在夜间。信号接收范围越广，越可能导致电台频率彼此干扰。当遇到暴风雨及电线干扰收音机接收时，还可能产生静电干扰。发生这种情况时，尝试降低收音机的高音。

（2）收音机信号不好的原因。

① 收音机通过天线接收广播信号，而信号的接收质量受多方面因素影响，例如山区、隧道、高楼、磁场或信号差等区域信号受阻碍或干扰，导致收音机无法或很难接收信号。

② 在阴天、雨天、雾天、雪天等恶劣天气环境，收音信号较正常环境时差。

③ 当车辆加装了一些没有通过相关电磁兼容性检测的设备时（如某些行车记录仪、车载手机充电器等），这些设备内部的电路会对外辐射出较大的干扰信号，影响到收音机正常接收电台。

2.4　储存 / 删除电台

（1）储存电台。

触按收音机界面屏幕按键♡，将当前播放电台存储到喜爱电台列表中，如图 3-17-8 所示。

图 3-17-8　红旗车中的"喜爱"按键

（2）删除已存储的喜爱电台。

① 在喜爱电台列表模式时，触摸屏幕按键【编辑】，选中电台，按删除图标，即可删除已存储的喜爱电台。

② 在播放喜爱电台列表中的电台时，触按屏幕按键♡，即可删除已存储的喜爱电台。

收音机电台的储存和删除

2.5　USB 音乐播放

例如，红旗 E-HS3 的 USB 接口有两个位置，第一个在变速器挡杆的右侧（如图 3-17-9 所示），另一个在后排出风口的正下方。连接 USB 设备时，可在多媒体展示屏中播放音乐。进入音乐界面的两种方法：一种是滚动方向盘右侧滚轮，选中 USB 选项，按下滚轮确定；第二种是连接带有音频设备的 USB 时，触摸屏幕按键【音乐】，选择 USB 音乐媒体源进入 USB 音乐界面。

USB 音乐的播放

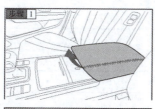

打开前排中央储物箱

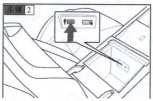

连接外部多媒体源

图 3-17-9　USB 设备连接处

2.6　蓝牙音乐的播放

对于支持蓝牙音乐播放的多媒体，进入蓝牙音乐的方法是：连接蓝牙，触摸屏幕按键【音乐】，选择蓝牙音乐媒体源，进入蓝牙音乐。播放界面如图 3-17-10 所示。

蓝牙音乐播放

图 3-17-10　蓝牙音乐播放界面

三、参考书目

序号	书名或材料名称	说明
1	《汽车使用与日常维护》	高等教育出版社
2	《汽车使用与维护考核教程》	北京理工大学出版社
3	《汽车维护》	中国劳动社会保障出版社

四、学生笔记

模块四

汽车的日常维护

学习任务与能力矩阵	
任务	能力
任务1：车辆的预检	能够正确进行预检操作
任务2：机油的检查	能够熟练地进行机油检查
任务3：冷却液的检查	能够正确检查冷却液储液罐液位
	能够按照标准规范进行冷却液冰点测量
任务4：制动液的检查	能够正确检查制动液储液罐液位
	能够按照标准规范进行制动液含水量测量
任务5：玻璃水的检查	能够完成玻璃水的液位检查和加注
任务6：机油及机油滤清器的更换	能够正确更换机油及机油滤清器
任务7：空气滤清器的更换	能够按照规范流程完成空气滤清器的更换
任务8：空调滤清器的更换	能够按照规范流程完成空调滤清器的更换
任务9：蓄电池的检查	能够独立进行车辆蓄电池的检查

任务 1　车辆的预检

一、任务信息

任务 1　车辆的预检			
学时	2	班级	
成绩		日期	
姓名		教师签名	
案例导入	客户进入4S店进行车辆故障检修，发现维修技师在维修前进行了预检工作，客户向维修技师询问："维修前，进行的是什么操作？进行此种操作的意义是什么？"如果你是维修技师，你会怎么解答呢？		
任务目标	知识	（1）了解预检的意义； （2）掌握预检的步骤	
	技能	能够正确进行预检操作	
	素养	（1）培养学生自主学习的能力； （2）树立学生安全的工作意识	

二、任务流程

（一）任务准备

（1）实训车辆4台、挡块若干、车身保护用具4套、四件套4套。
（2）视频资源8个。

（二）任务实施

说明：请查看相关的视频资源、文档资源和参考信息，完成以下工作任务。

1. 工作表

车辆的预检

（1）观察下图，说出被圈出位置的名称。

_____ _____ _____ _____

（2）请在发动机箱盖开关的位置画"○"。

（3）请在下图中画出预检中各种油液的正常液位。

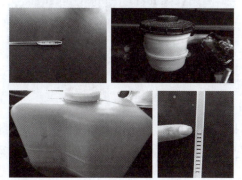

（4）预检的意义是什么？

_____

_____

（5）组间互评：相互提问相互考核。

_____

_____

（6）进行场地 6S。

2. 参考信息

2.1 预检的意义

预检是汽车日常维护的第一项操作，检查的内容有机油液位、冷却液液位、制动液液位、玻璃水液位。该项检查的目的是确定在后续操作过程中是否存有起动发动机或开动雨刮器所需的最低机油和工作液量。

汽车预检操作——放置
车轮挡块、连接尾排

2.2 预检前的操作

（1）用车轮挡块挡住车轮，打开尾排开关，将尾排管连接至排气口。

（2）将座椅套、方向盘套、变速杆套、地板垫四件套放置于车辆相应位置，保护车辆内饰。

汽车预检操作——放置
车身防护三件套

（3）扳动发动机箱盖开关，完成发动机箱盖的支起操作。

（4）放置车身防护三件套（翼子板布、格栅布），确保车辆在空挡或者P挡，拉好手刹。

2.3 机油的检查

（1）找到车辆机油尺位置，机油尺在发动机箱内，以东风本田某一车型为例，如图4-1-1所示。

汽车预检操作——放置
内饰防护四件套

汽车预检操作——
油液检查

图4-1-1 机油尺位置

（2）拔出机油尺，用抹布将机油尺上的油液擦干净，然后将机油尺再放回发动机中（一只手插入，另外一只手扶住机油尺），如图4-1-2所示。需要注意的是，机油尺插到底才能准确测出油量。

图4-1-2 插回机油尺

放回机油尺时，一定不能强行往里插入，放置时要注意角度，放好后的机油尺应不能横向移动。机油液位（如图4-1-3所示）在上限和下限之间中间偏上一点为最佳。

2.4 制动液的检查

在制动液储液罐上找到上限标记和下限标记，观察液面是否在两个标记之间，如果液面在两个标记之间则为正常，如图4-1-4所示。

汽车预检操作——
制动液液位检查

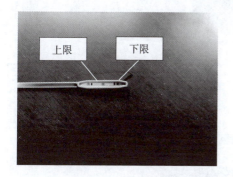

图4-1-3　机油液位　　　　　图4-1-4　制动液液位

2.5 冷却液的检查

找到副水箱（冷却液储液罐），在副水箱上找到上限标记和下限标记，观察液面高度是否在两标记之间，如果在两标记之间则为正常（冷却液检查方法和制动液一样），如图4-1-5所示。

汽车预检操作——
冷却液液位检查

图4-1-5　冷却液液位

2.6 玻璃水的检查

找到玻璃水储液罐（玻璃水壶），打开盖后，拔出里面的玻璃水液位尺，在玻璃水液位尺上看液面高度在什么位置，如图4-1-6所示。

若玻璃水壶内的液位低于1/3时，需要及时添加，避免影响后续保养操作。

汽车预检操作——玻
璃清洗液液位检查

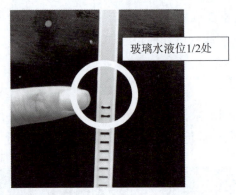

图 4-1-6　玻璃水液位尺

2.7 "一油三液"布局

预检中"一油三液"布局如图 4-1-7 所示。

汽车预检操作——
机油液位检查

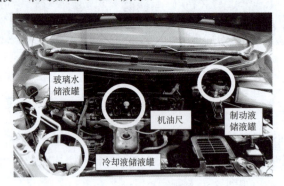

图 4-1-7　"一油三液"布局

任务 2 机油的检查

一、任务信息

	任务2 机油的检查		
学时	2	班级	
成绩		日期	
姓名		教师签名	
案例导入	一位客户在没有到达机油更换周期的时候就来到4S店要求进行机油的更换，原因是他拔出机油尺时发现机油有一些发黑，客户认为机油没有刚加时清澈就应该更换了。经过维修技师判断，并不需要更换。如果你是维修技师，你会怎样跟客户解释呢？		
任务目标	知识	（1）掌握机油检查的步骤； （2）掌握机油品质判断的方法	
	技能	能够熟练地进行机油检查	
	素养	（1）培养学生自主学习的能力； （2）树立学生安全的工作意识	

二、任务流程

（一）任务准备

实训车辆4台、挡块若干、车身保护用具4套、四件套4套、定性滤纸若干、吸油纸若干。

（二）任务实施

说明：请查看相关的文档资源和参考信息，完成以下工作任务。

1. 工作表

机油的检查

（1）机油品质的判断有几种方法，分别是_____、_____、_____、_____。

（2）写出以下机油在白色滤纸上呈现的状态时的更换时间。

（3）机油的更换周期是多少？
_____
_____
_____

（4）汽油机油的等级是怎么规定的？柴油机油的等级是怎么规定的？
_____
_____
_____
_____

（5）组间互评：相互提问相互考核。
_____
_____
_____
_____

（6）进行场地 6S。

2. 参考信息

2.1 机油的更换周期

（1）矿物油。

矿物油作为最初级的机油，不管是在润滑性、保护性，还是在机油的寿命和性能衰退上都不及半合成与全合成机油。如果车辆使用的是矿物油，更换周期为 5 000 km 或者 6 个月。

（2）半合成机油。

半合成机油是矿物油转向全合成机油的完美过渡，其性能已经非常接近于全合成机油了。如果车辆使用的是半合成机油，那么更换周期可以延长到 7 000 km 或者 7 500 km 更换一次。

（3）全合成机油。

全合成机油目前是润滑保护性和寿命最长的机油，使用全合成机油的车辆更换周期最长可以达到 10 000 km 或 1 年更换一次。

2.2 机油品质的判断

机油品质检查主要有两项，分别为机油杂质检查和机油变质检查，也就是检查机油是否含有杂质或是否变质。检查机油品质的方法很多，主要有闻味法、手捻法、透光法、纸测法。拔出机油尺，如图 4-2-1 所示。

（1）闻味法。

闻一闻机油尺，若有极强的刺激性气味，说明机油已经变质，应该更换。

（2）手捻法。

把机油滴一点在手上，然后用两根手指沾机油反复摩擦，如图 4-2-2 所示。如果在摩擦时没有产生颗粒物，就说明现在机油的品质很好，不需要更换；而如果颗粒感比较严重，则需要更换机油。

图 4-2-1　拔出机油尺

图 4-2-2　用手指摩擦机油

（3）透光法。

拔出机油尺后，在光照之下观察机油油滴，可清晰看到油滴中无金属屑的为良好，不需要更换；如果金属屑多，甚至混浊，应该更换。

（4）纸测法。

定性滤纸测试法，简称纸测法，需要借助机油白色滤纸（定性滤纸）。定性滤纸可在汽车用品店或网店购买,一般100张一盒的售价为10元左右,每张滤纸的成本只有0.1元,非常经济实惠,如图4-2-3所示。定性滤纸分为快速、中速和慢速三种,其从滴上机油到观察结果需要等待的时长分别是4 h、8 h和24 h。尽量使用快速定性滤纸。

将机油尺上的机油滴在白色滤纸中央(如图4-2-4所示),根据试纸的说明,过一段时间再进行观察,通过和图例比对来确定机油是否需要更换,如图4-2-5所示。

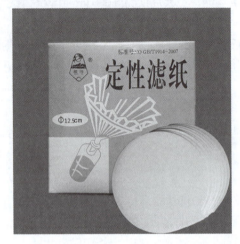
图4-2-3 定性滤纸

图4-2-4 将机油滴在白色滤纸中央

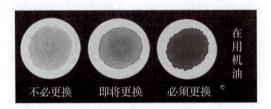
图4-2-5 机油在白色滤纸上呈现的状态

不同的成分在白色滤纸上的扩散距离是不同的,所以,经过一段时间的扩散后,白色滤纸上就会出现3个环状区域,由内到外分别为沉积环、扩散环、油环,即中心为沉淀环、中间为扩散环,最外圈为油环,如图4-2-6所示。

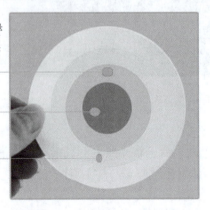

扩散环:在沉积环外围的环带叫扩散环,它是悬浮在油内的细颗粒杂质向外扩散留下的痕迹。颗粒愈细,扩散得愈远。扩散环的宽窄和颜色的均匀程度是重要因素,它表示油内添加剂对污染杂质的分散能力

沉积环:在斑点的中心,颜色由浅黄到棕红色,表示油的氧化程度

油环:在扩散环的外围,颜色由浅黄到棕红色,表示油的氧化程度

图4-2-6 机油在白色滤纸上呈现的三个环状区域

根据沉积环、扩散环、油环的浸透特点可判断机油的四个等级。

① 一级：如图 4-2-7 所示，沉积环与扩散环之间无明显界限，整个油斑颜色均匀，比较通透，说明油质良好。

② 二级：如图 4-2-7 所示，沉积环颜色较深，扩散环较宽，二者有明显分界线，油环为不同深度的黄色，表明机油已污染，但尚可使用。

③ 三级：如图 4-2-7 所示，沉积环深黑色，沉积物密集，扩散环窄，油环颜色变深，说明油质已经劣化，需要更换。

④ 四级：如图 4-2-7 所示，只有沉积环和油环，没有扩散环，沉积环乌黑，沉积物密而厚稠，不易干燥，油环呈深黄色和浅褐色，说明油质已经氧化变质，需要更换。

油斑的沉积环和扩散环之间无明显界限，整个油斑颜色均匀，油环淡而明亮，沉积物密集，扩散环宽且有明显的分界线，油环为不同深度的黄色，油质良好

沉积环色深，沉积物密集，扩散环宽且有明显的分界线，油环为不同深度的黄色，油质已经污染，机油尚可使用

沉积环深黑色，沉积物密集，扩散环窄，油环颜色变深，油质已经劣化

只有沉积环和油环，没有扩散环，沉积环乌黑，沉积物密而厚稠，不宜干燥，油环呈深黄色和浅褐色，油质已经氧化变质

图 4-2-7　机油在白色滤纸上呈现的四个级别的图样

一般而言，各个环状区之间的界限越模糊，代表机油品质越好，剩余寿命越长；界限越清晰，代表机油品质越差，剩余寿命越短；如果外圈是界限明显的深色环，代表机油寿命已经为"0"了，需要立刻更换机油。

机油取样应在发动机熄火 10 min 后进行，以避免刚熄火时机油太热。但不可在熄火 1 h 后进行，因为静置时间太长之后，悬浮在机油中的杂质会缓慢地沉积到油底壳处，机油尺取出的样品就不准了。

图 4-2-8 是已经使用了 5 000 km 的全合成机油在快速定性滤纸上静置 4 h 后的照片，中间的沉积环颜色较深，说明机油中已经有相当的杂质了，而外圈的扩散环与沉积环的过渡没有明显界限，说明机油还有很长的寿命，可以放心地再用一段时间。

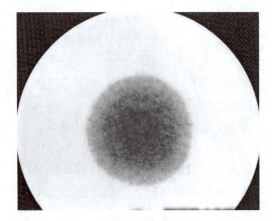

图 4-2-8 机油滴在白色滤纸上 4 h 后的图示

2.3 机油液位的检查

参考上一节预检中机油的检查。

2.4 机油的分类

机油分为两大类,分别是 API 使用性能分类和 SAE 黏度分类。

(1) API 性能分类。

API 性能分类是根据产品特性、使用场合和使用对象确定的,机油牌号中第一个字母 S 表示汽油机油,C 表示柴油机油。

目前我国汽油机采用的机油牌号有 SC、SD、SE、SF、SG、SH、SJ、SL、SM、SN。柴油机采用的机油牌号有 CC、CD、CE、CF-4、CG-4、CH-4、CI-4、CJ-4。

(2) SAE 黏度分类。

按 SAE 黏度分类,冬季用机油包括 0W、5W、10W、15W、20W 和 25W 六个黏度等级;春、秋及夏季用机油包括 20、30、40、50 和 60 五个黏度等级。

2.5 机油的等级

例如,图 4-2-9 所示的机油桶上标有 SM 5W30,5W30 表示冬夏通用机油。

5W:冬季时性能相当于 5W。W 是 Winter,W 前的数字越小,低温黏度越小,低温流动性越好,适用的最低气温越低。

30:夏季时相当于 30。数字越大其黏度越大,适用的最高气温越高。

图 4-2-9 东风本田机油的等级分类

任务 3　冷却液的检查

一、任务信息

任务3　冷却液的检查			
学时	2	班级	
成绩		日期	
姓名		教师签名	
案例导入	\multicolumn{3}{l}{杨先生在驾驶车辆的时候，发现仪表上有一个警报灯点亮了，他将车辆开到4S店进行检查。维修技师检查时发现是冷却液警报灯点亮了，进一步检查发现是冷却液储液罐中的冷却液不足，导致液位过低报警。如果你是维修技师，怎样才能教会杨先生自行检查冷却液液位，并能判断液位是否正常？}		
任务目标	知识	\multicolumn{2}{l}{掌握冷却液的功用、类型和性能}	
	技能	\multicolumn{2}{l}{（1）能够正确检查冷却液储液罐液位； （2）能够按照标准规范进行冷却液冰点测量}	
	素养	\multicolumn{2}{l}{（1）树立安全操作意识、6S意识； （2）培养职业规范意识； （3）培养人际沟通能力和团队协作意识}	

二、任务流程

（一）任务准备

（1）实训车辆4台、车轮挡块16个（每车4个）、格栅布4条、翼子板布8条、四件套4套、抹布4块、冰点测试仪4套。

（2）冰点测试仪使用说明书1套。

（3）视频资源1个。

（二）任务实施

说明：请查看相关的视频资源、文档资源和参考信息，完成以下工作任务。

1. 工作表

冷却液的检查

（1）冷却液的功用有哪些？
_____

（2）冷却液的更换周期为_____。

（3）冷却液的类型有_____、_____、_____等，目前国内外发动机所使用的和市场上所出售的冷却液类型几乎全部是_____。

（4）冷却液的性能有哪些？
_____
_____

（5）判断以下冷却液储液罐中液位是否正常。

□正常　　□不正常　　　　□正常　　□不正常

（6）检查实训车辆的冷却液液位是否正常。　　□正常　　□不正常

（7）下图为冰点测试仪的结构图，写出各个部件的名称。

① _____
② _____
③ _____
④ _____
⑤ _____

（8）下图为冰点测试仪的目视界面，根据该图完成以下两个问题。

a. 冰点测试仪有三种用途，写出①②③所代表的用途。
① _____
② _____
③ _____
b. 该目视界面中，冷却液冰点的数值为_____。

（9）实训车辆的冷却液冰点为_____。

（10）进行冷却液冰点检测互评活动，记录其他小组操作中出现的问题。
_____
_____

（11）进行实训场地 6S。

2. 学习内容

2.1 冷却液的功用、类型和性能

（1）冷却液功用。

冷却液，全称防冻冷却液（如图4-3-1所示），意为有防冻功能的冷却液。冷却液既可以防止寒冷季节停车时冷却液结冰而胀裂散热器和冻坏发动机气缸体，也可以有效防止车辆使用中出现发动机过热的现象。在汽车正常的保养项目中，更换周期一般为2年或4万公里。虽然更换周期较长，但在平时用车过程中也不可掉以轻心，应注意冷却液日常检查，日常检查项目包括冷却液液位检查和冷却液冰点检查。

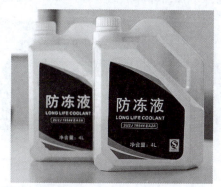

图4-3-1　防冻冷却液

（2）冷却液类型。

冷却液由水、防冻剂、添加剂三部分组成，按防冻剂成分不同可分为酒精型、甘油型、乙二醇型的冷却液。乙二醇易溶于水，可以任意配成各种冰点的冷却液，其最低冰点可达-68 ℃，这种冷却液具有沸点高、泡沫倾向低、黏温性能好、防腐和防垢等特点，是一种较为理想的冷却液。目前国内外发动机所使用的和市场上所出售的冷却液几乎全部是这种乙二醇型冷却液，其中多加有防腐剂和染色剂，可长期使用。

（3）冷却液性能。

①低温黏度小、流动性好。

冷却液的低温黏度越小，说明冷却液流动性越好，其散热效果越好。

②冰点低、沸点高。

冰点就是在没有过冷情况下冷却液开始结晶的温度。若汽车在低温条件下停放时间过长，而冷却液的冰点达不到应有温度时，则发动机冷却系统就会被冻裂。因此，要求冷却液的冰点要低。

沸点是在发动机冷却系与外界大气压相平衡的条件下，冷却液开始沸腾的温度。冷却液沸点高，则在较高温度下不沸腾，可保证汽车在满载、高负荷等苛刻条件下正常行驶，同时，沸点高则蒸发损失也少。

③防腐蚀性好、不损坏汽车有机涂料。

冷却液在工作中要接触多种金属材料，如果它对金属有腐蚀性，就会影响发动机正常工作，甚至造成事故。为使冷却液有良好的防腐性，要保持冷却液呈碱性状态，冷却液

pH 值在 7.5~11.0 为好，超出范围将对金属材料产生不利影响。冷却液是一种化学物质的调和物，有些有机物对汽车涂层有不良影响，所以，在冷却液配方中，应严格掌握配伍性，使冷却液对汽车涂层不能产生损害，如剥落、鼓泡和褪色等。

④不易产生水垢、抗泡沫性好。

水垢对发动机冷却系的散热强度影响很大。试验表明，水垢的导热性比铸铁差很多，比铝差得更多，所以冷却液在工作中不易产生水垢。

冷却液的检查

2.2 冷却液液位检查

（1）打开汽车发动机箱盖，找出冷却液储液罐，如图 4-3-2 所示。

图 4-3-2 冷却液储液罐

（2）在冷却液储液罐上找到最大刻度线（max）和最小刻度线（min），看液面高度是否在两刻度线之间，如果在两刻度线之间则为正常，如图 4-3-3 所示。

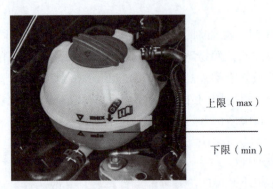

图 4-3-3 冷却液储液罐液位标记

（3）当冷却液量不足的时候，应选择原厂规定的冷却液进行加注。在发动机冷态并处于熄火状态时，打开冷却液储液罐盖，添加时注意切勿使液面超过储液罐的最高标记，添加冷却液后，务必将罐盖拧紧，如图 4-3-4 所示。

2.3 冷却液冰点检查

（1）冰点测试仪的使用。

①冰点测试仪的结构和使用方法。

入冬前进行冷却液冰点检查非常必要，可以防止发动机在冬天由于冷却液结冰而损坏。冷却液冰点应用冰点测试仪来检测，如图 4-3-5 所示。

图 4-3-4 加注冷却液

图 4-3-5 冷却液冰点测试仪

如图 4-3-6 所示,冰点测试仪由棱镜、盖板、校准螺栓、把套和目镜组成,冰点测试仪可以测出以丙二醇和乙二醇为基的防冻液的冰点。

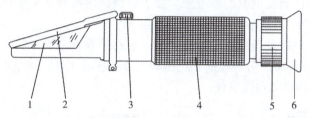

图 4-3-6 冷却液冰点测试仪结构

1—检测棱镜;2—盖板;3—校准螺栓;4—把套;5—视度调节手轮;6—目镜

图 4-3-7 为冰点测试仪的测量界面,在界面中可以看到冰点测试仪除了能进行冷却液冰点测量,还能进行玻璃水的冰点和电解液密度的测量。界面中中间刻度是表示冷却液冰点的,左侧刻度是表示电解液密度的,右侧刻度是表示玻璃水的冰点的。在测试界面中可以看到一条明暗分界线,分界线所对应的温度就是冷却液的冰点。

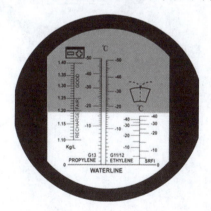

图 4-3-7 冰点测试仪测量界面

② 冷却液冰点测试仪使用注意事项。

a. 不要在相对湿度大于 85% 的环境中长期放置,以免光学系统受到影响。

b. 不要让液体进入调节旋钮和目镜内,以免损坏内部器件。

c. 不要跌落和碰撞，以免损坏仪器精度。
d. 使用时不要将冷却液、电解液等滴在身上、衣服等其他地方，以防腐蚀受伤。
e. 使用完毕后保存在干净的容器内。
f. 清洁冰点测试仪使用的纸巾、棉纱等不可再用作其他物品清洁，要及时处理。

（2）冷却液冰点检测。

① 检测前，让发动机先运转 10~20 min，使得冷却液混合均匀再进行测量，以避免测量误差。

② 调整基准。测定前首先应使标准液（纯净水）、仪器及待测液体基于同一温度。掀开盖板，用软布仔细擦净检测棱镜，然后取 2~3 滴标准液滴于检测棱镜上，并用手轻轻按压平盖板，避免气泡产生，通过目镜看到一条蓝白分界线，旋转校准螺栓使目镜视场中的蓝白分界线与基准线重合，如图 4-3-8 所示（注：一般此仪器出厂时已校准，可直接使用）。

③ 用软布清洁检测棱镜上的标准液，然后将待测溶液数滴置于检测棱镜上，轻轻合上盖板，避免气泡产生，使溶液遍布检测棱镜表面。

④ 将仪器盖板对准光源或明亮处，眼睛通过目镜观察视场，转动视度调节手轮，使视场中的蓝白分界线清晰，分界线的刻度值即为冷却液的冰点，如图 4-3-9 所示。

⑤ 使用后立即清洁冰点测试仪。

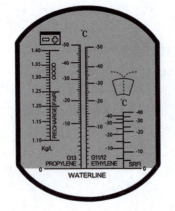

图 4-3-8 校准后的界面

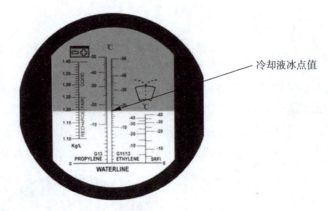

图 4-3-9 测量界面

任务 4 制动液的检查

一、任务信息

任务4　制动液的检查			
学时	2	班级	
成绩		日期	
姓名		教师签名	
案例导入	一辆红旗H5汽车到店维修，该车行驶了56 375 km，车主反映该车行驶制动不良，下坡路上即使踏板踩低制动效能也不如以前。经维修技师检查，发现是制动液警报灯点亮了，进一步检查发现制动液液位低于下限。如果你是维修技师，你能教会该车主自行检查制动液液位吗？		
任务目标	知识	了解制动液的功用、类型和等级	
	技能	（1）能够正确检查制动液储液罐液位； （2）能够按照标准规范进行制动液含水量测量	
	素养	（1）树立安全操作意识、6S意识； （2）培养职业规范意识； （3）培养人际沟通能力和团队协作意识	

二、任务流程

（一）任务准备

（1）实训车辆4台、车轮挡块16个（每车4个）、格栅布4条、翼子板布8条、四件套4套、手电筒4个、制动液快速探测笔4支。

（2）视频资源1个。

（二）任务实施

说明：请查看相关的视频资源、文档资源和参考信息，完成以下工作任务。

1. 工作表

制动液的检查

(1) 制动液的作用有哪些?
_____
_____
_____

(2) 2004 年 DOT 标准将制动液分为_____、_____、_____ 和_____四类。按照 GB 12981—2012《机动车辆制动液》,我国将制动液分为_____、_____、_____、_____。

(3) 一般制动液的更换周期为_____。

(4) 制动液的特性有哪些?如何避免"气阻"现象的产生?
_____
_____
_____
_____

(5) 在哪些情况下需要更换制动液?
_____
_____
_____
_____

(6) 根据下图所示判断制动液含水量是否正常。

□正常　　□不正常　　　　　　　　□正常　　□不正常

(7) 检查实训车辆制动液液位是否正常,并做记录。　□正常　　□不正常
(8) 检查实训车辆制动液含水量是否正常,并做记录。　□正常　　□不正常
(9) 拍摄制动液检查的小视频,上传至抖音公众号。
(10) 进行实训场地 6S。

2. 学习内容

2.1 制动液的功用、类型和等级

（1）制动液功用。

制动液（如图 4-4-1 所示）又称刹车油，是在车辆刹车系统中传递压力，使车轮上的刹车系统得以实现制动动作的一种功能性液体，主要作用是传递能量、散热、防腐、防锈以及润滑。制动液是液压制动系统中传递制动压力的液态介质，使用在采用液压制动系统的车辆中，是制动系统制动不可缺少的部分。因为液体是不能被压缩的，所以从总泵输出的压力会通过制动液直接传递至分泵之中。

图 4-4-1　制动液

（2）制动液的类型和等级。

制动液类型有醇型、矿油型和合成型三种，其中醇型与矿油型已经淘汰，目前车辆所用的制动液类型为合成型。

一般车用制动液以 DOT 为分类标准，2004 年 DOT 标准将制动液分为 DOT3、DOT4、DOT5 和 DOT5.1 四类（如图 4-4-2 所示），其数字越大，级别越高，其中 DOT3、DOT4 级是各国汽车最普遍使用的一种制动液。2004 年开始我国实施与国际通用标准接轨，按照 GB 12981—2012《机动车辆制动液》，我国将制动液分为 HZY3、HZY4、HZY5、HZY6 四种级别，其中前三种级别分别对应国际上的 DOT3、DOT4、DOT5.1。

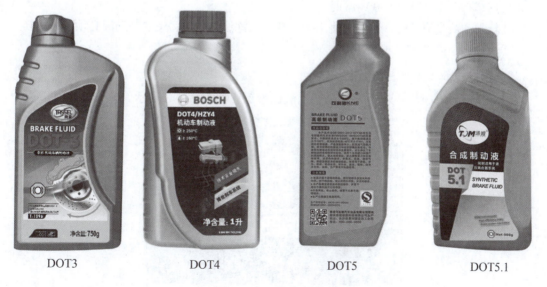

图 4-4-2　制动液等级

2.2 制动液特性

制动液的特性有高沸点、低黏度、无腐蚀、吸水性等，具体如表 4-4-1 所示。

表 4-4-1 制动液特性

序号	特性	含义
1	高沸点	当在下坡道路上对车辆频繁施加制动时，制动器所产生的热量将通过制动钳传递给制动液，该热量将导致制动液中的水分沸腾，从而在系统中产生蒸气，形成气阻。为防止这一现象发生，制动液要具有高沸点
2	低黏度	制动液必须能在很大的温度范围内自由流动，并能够在非常寒冷的条件下正常工作
3	无腐蚀	制动液所含的化学成分不得腐蚀制动系统中的橡胶和金属零件
4	吸水性	制动液具有高度的吸水性，即很容易从大气中吸收水分，吸收水分的制动液沸点会降低

2.3 制动液使用注意事项

（1）制动液制造商采用各种添加剂，以确保制动液能够具备要求的特性。不同制造商生产的制动液不得混用，因为这些添加剂之间的化学反应会导致沸点降低。另外，最好使用由可靠制造商所提供的制动液。

（2）制动液会侵蚀塑料和涂装表面，如果制动液溅到塑料零件表面或车辆涂装表面，则必须立即予以清洗。

（3）一般在以下 3 种情况下需要更换制动液：

①汽车行驶 2 年或 40 000 km 时。

②新制动液是清澈的，但随着使用会逐渐变为浑浊，严重污染的制动液必须予以更换。

③制动力下降或制动不灵敏时。

2.4 制动液液位检查

（1）打开汽车发动机箱盖，找出制动液储液罐，如图 4-4-3 所示。

制动液的检查

图 4-4-3 制动液储液罐的位置

（2）在制动液储液罐上找到最大刻度线和最小刻度线，如图 4-4-4 所示，看液面是否在两个刻度线之间，如果液面在两个刻度线之间则为正常。

图 4-4-4　制动液液位高度正常范围

2.5 制动液含水量检查

用制动液快速探测笔进行制动液含水量检查。制动液快速探测笔上有 3 个 LED 灯，分别为绿色、黄色和红色。将探测笔插入制动液油壶，保持笔尖的两个金属探头全部浸泡在制动液中，按住笔尖尾部的按钮保持 2 s 以上的时间，笔杆上的 3 个 LED 指示灯即是检测结果。根据笔上 LED 灯的显示情况，就可以快速定性判断制动液的含水量。

（1）如图 4-4-5 所示，绿色 LED 灯亮起说明制动液含水量低，制动液合格。

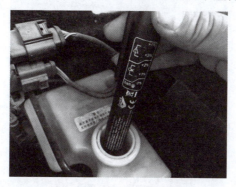

图 4-4-5　探测笔绿灯亮起

（2）如图 4-4-6 所示，黄色 LED 灯亮起说明制动液含水量中等，可以继续使用，不过 6 个月以后需要再检测一次。

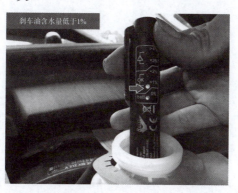

图 4-4-6　探测笔黄灯亮起

（3）如图 4-4-7 所示，红色 LED 灯亮起说明制动液含水量较高，制动液不能继续使用，需要及时更换。

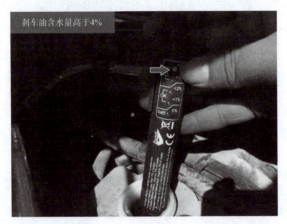

图 4-4-7　探测笔红灯亮起

任务 5　玻璃水的检查

一、任务信息

任务 5　玻璃水的检查				
学时	2		班级	
成绩			日期	
姓名			教师签名	
案例导入	张女士在驾驶车辆时发现挡风玻璃很脏，使用玻璃水清洗时发现喷不出来，于是将车开到4S店维修。维修技师发现仪表上玻璃水液位指示灯亮起，进一步检查发现玻璃水储液罐中已经没有玻璃水了。如果你是维修技师，为了避免再次出现这种情况，你能教会张女士识别玻璃水液位指示灯和自行玻璃水日常检查和加注吗？			
任务目标	知识	了解玻璃水的功用、类型和组成		
	技能	能够完成玻璃水的液位检查和加注		
	素养	（1）树立安全操作意识、6S意识； （2）培养职业规范意识； （3）培养人际沟通能力和团队协作意识		

二、任务流程

（一）任务准备

（1）实训车辆4台、车轮挡块16个（每车4个）、格栅布4条、翼子板布8条、四件套4套。

（2）视频资源1个。

（二）任务实施

说明：请查看相关的视频资源、文档资源和参考信息，完成以下工作任务。

1. 工作表

玻璃水的检查

（1）玻璃水的作用是什么？

_____

_____

（2）能否用清水或洗洁精、洗涤剂、洗衣粉等兑一点水的液体来替代专用玻璃水？为什么？

_____

_____

_____

_____

（3）优质的汽车挡风玻璃水主要由_____、_____、_____、及_____组成。

（4）仪表盘上  点亮，表示什么意思？

_____

（5）实训车辆玻璃水是否需要添加？ □需要 □不需要

（6）玻璃水使用注意事项有哪些？

_____

_____

_____

_____

_____

（7）进行实训场地 6S。

2. 参考信息

2.1 玻璃水的组成、功用和类型

玻璃水（如图 4-5-1 所示）是汽车挡风玻璃清洗液的俗称，属于汽车使用中的易耗品。优质的汽车挡风玻璃水主要由水、酒精、乙二醇、缓蚀剂及多种表面活性剂组成。当车前挡风玻璃透明度下降的时候喷一喷玻璃水，就能够给你一个明朗清晰的视野。特别是在夜间行车时，玻璃上的灰尘会散射光线，这时候就需要喷一喷玻璃水，让前挡风玻璃保持在最佳透明状态。

图 4-5-1　玻璃水

因为凝点不同，玻璃水分冬季用和夏季用两种。冬天天气冷的时候一定要用冬季专用的防冻型玻璃水，否则玻璃水将会结冰，给汽车带来不必要的损害。

2.2 玻璃水液位检查

一般在汽车的仪表盘上会有一个玻璃水液位指示灯，如图 4-5-2 所示。平时为熄灭状态，该指示灯点亮或闪烁时说明玻璃水快用完了，这时就该添加玻璃水了，添加足够的玻璃水后，指示灯熄灭。

玻璃水的检查

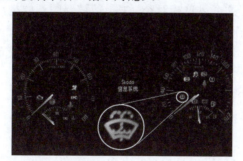

图 4-5-2　玻璃水液位指示灯

打开汽车发动机箱盖，找出玻璃水储液罐，如图 4-5-3 所示。玻璃水储液罐罐盖上有一个标志，这个标志全球生产的所有汽车都一样，如图 4-5-4 所示。

图 4-5-3　玻璃水储液罐位置

图 4-5-4　玻璃水储液罐罐盖标志

打开盖后，拔出里面的玻璃水液位尺，在玻璃水液位尺上看液面高度在什么位置，如图 4-5-5 所示。若玻璃水壶内的液位低于 1/3，需要及时添加。

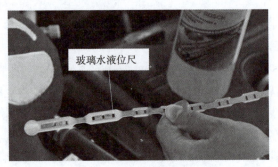

图 4-5-5　玻璃水液位尺

2.3 玻璃水使用注意事项

（1）冬天务必把水放干净之后再重新加入防冻玻璃水。

（2）不可长久使用清水或洗洁精、洗涤剂、洗衣粉等兑一点水的液体来替代专用玻璃水，这些均存在着一定的隐患。

①用水兑洗衣粉：洗衣粉水里会有一些沉淀物，时间长了，不仅会腐蚀橡胶管，而且会堵塞喷水口，严重情况下会损坏电机。

②用水代替玻璃水，这个风险相对小一些；但需要留意的是，普通的自来水同样含有较多杂质，时间长了，杂质会依附在橡胶管内，影响正常喷水，长期使用可能会使玻璃表面与雨刮器之间摩擦力加大，玻璃产生划痕。其实，清水只能简单地清洗灰尘，对车窗上附着的脏污、虫尸，并没有彻底清洗的能力。

（3）一般的车需要加 4 L 左右玻璃水，壶里有玻璃水液位尺，一边加一边看，到了上限就不要加了，加多了容易溢出来，造成浪费。

任务 6　机油及机油滤清器的更换

一、任务信息

任务 6　机油及机油滤清器的更换			
学时	4学时	班级	
成绩		日期	
姓名		教师签名	
案例导入	一位客户进入4S店，说车辆机油到达更换周期，需要更换，并且向维修技师询问机油更换的要点以及注意事项。如果你是维修技师，你要如何向客户讲解呢？		
任务目标	知识	（1）掌握机油的更换步骤； （2）掌握机油滤清器的更换步骤	
	技能	能够正确更换机油及机油滤清器	
	素养	（1）培养学生自主学习的能力； （2）树立学生安全的工作意识	

二、任务流程

（一）任务准备

（1）实训车辆4台、车身保护用具4套、四件套4套、机油、机油滤清器、工具车、拆卸滤清器的专用工具、吸油纸、机油回收桶。

（2）视频资源4个。

（二）任务实施

说明：请查看相关的视频资源、文档资源和参考信息，完成以下工作任务。

1. 工作表

机油及机油滤清器的更换

（1）指出哪一个是水温表，在更换机油时水温应该达到多少度，并且说出为什么水温要达到规定温度。

_____

_____

（2）机油滤清器什么时间更换，更换时有什么注意事项？

_____

_____

_____

（3）机油更换时有什么注意事项？

_____

_____

_____

（4）你的实训车辆的放油螺塞的拧紧力矩是多少？机油滤清器的拧紧力矩是多少？

_____

（5）简述机油的更换过程。

_____

_____

_____

（6）组间互评：相互提问相互考核。

_____

_____

_____

（7）进行场地 6S。

2. 参考信息

2.1 机油的排放

（1）起动发动机。

起动发动机，使机油温度升高，黏度降低。

机油的排放

（2）关闭发动机。

观察水温表指示数值的变化，当水温达到 70 ℃ ~80 ℃时，关闭点火开关，停止发动机运转。水温达到正常行驶温度时（如图 4-6-1 所示），将发动机熄火。

（3）拧下机油加注口盖。

机油加注口盖上一般有图标，机油加注口盖位置如图 4-6-2 所示。用右手捏住加注口盖，逆时针方向旋转 90°即可取下。将机油加注口盖取下后放在工作台上。用一块干净抹布盖在机油加注口上，防止有异物掉入。

图 4-6-1　水温表

图 4-6-2　机油加注口

（4）摘下尾排管。

将尾排管摘下。

（5）将车辆举升至高位。

举升机在使用时，有向上和向下的按钮，举升到目标位置后，务必将举升机锁止，防止意外滑落。解锁时，需要将举升机再升起一点儿，然后按键解锁下落。举升机下落前一定要喊一声降下举升机，在确保举升机正下方无人且无物品时才能降落。

举升机与车辆之间的接触点也是支撑点，有支撑车身的圆盘式支撑点、支撑轮胎的支撑平板，举升前需要找好支撑点，确保支撑牢固可靠。

使用两柱举升机，将四个支臂上的托盘对准车身的支撑点，将车辆缓缓升离地面。在车辆的左前方轻轻晃动车身，确保支撑牢固后，继续将车辆举升至高位，举升位置如图 4-6-3 所示。

（6）拧下放油螺塞，排放机油。

将机油回收桶置于发动机油底壳放油螺塞的正下方，机油回收桶如图 4-6-4 所示。先用棘轮扳手拧松放油螺塞（如图 4-6-5 所示），再用手缓缓旋出放油螺塞，当感觉到仅剩 1~2 丝扣时，继续旋出时要稍用力向上，确定螺纹已全部旋出后，急速移开放油螺塞，由于机油是热的，所以一定防止机油烫手。拧放油螺塞时不允许戴线手套，防止手被机油严重烫伤。

图 4-6-3　车辆举升位置

图 4-6-4　机油回收桶

使用棉纱擦净放油螺塞上吸附的金属屑。检查放油螺塞六角是否完好，检查螺纹是否有损坏。

放油螺塞上肯定带有密封垫（如图 4-7-6 所示），拆装时注意不要丢失。如果找不到，可能是落在机油回收桶里了或是粘贴在油底壳上了。密封垫应在每次拆装时进行更换。

图 4-6-5　放油螺塞

图 4-6-6　放油螺塞密封垫

（7）拧紧放油螺塞。

当油底壳排油孔的机油呈缓慢均匀滴状时，用手旋入放油螺塞。用扭矩扳手将放油螺塞拧紧至规定力矩，一般为 35~40 N·m。用棉纱擦净放油螺塞和油底壳上的油迹。

放油螺塞的检查及放油螺塞的拧紧

2.2 机油滤清器的更换

机油滤清器，又称机油格，用于去除机油中的灰尘、金属颗粒、碳沉淀物和煤烟颗粒等杂质，保护发动机。机油滤清器如图 4-6-7 所示。机油滤清器与机油应同时更换。

（1）使用机油滤清器专用扳手旋松机油滤清器，如图 4-6-8 所示。

机油滤清器的更换

（2）用手旋下机油滤清器并放入废件回收桶中。

用手旋下机油滤清器后，要垂直下落，不要歪斜，防止滤清器内的机油散落到身上或地面上（因为机油滤清器内充满机油）。

图 4-6-7　机油滤清器　　　　　　图 4-6-8　机油滤清器专用扳手

（3）在新的机油滤清器内加注新机油，约为其容量的 3/4，在密封圈上均匀涂抹一薄层干净机油。在密封圈上涂抹一薄层干净机油，可以起到辅助密封和防止橡胶密封圈在拧动过程中起褶的作用。

（4）用手竖直举起机油滤清器，当机油滤清器的橡胶密封圈接触到滤清器底座时，停止拧动。

（5）使用机油滤清器专用扳手转动滤清器 3/4 圈，将其紧固。

滤清器的拧紧力矩不要过大，以免损坏密封圈，按其规定要求拧紧。

（6）使用棉纱擦净机油滤清器及其附近的机油，目的仍是便于检验泄漏。

2.3 机油的加注

（1）降下车辆。

将车辆平稳降落到地面上，举升机的托盘和车身的支撑点不要脱离。

（2）拿掉抹布。

将加注口的抹布取下，放到工作台上。

机油的加注

（3）加注机油。

旋下机油桶盖，然后一手握住桶上的手柄，一手托住桶底，对正发动机的加油口，稍稍倾斜机油桶，缓缓将机油倒入发动机内。加油过程中机油桶应平置，如图 4-6-9 所示。

图 4-6-9　机油加注

当加注量接近油桶容量（4 L）的 3/4 时，停止加注。过 2~3 min 后，拔出机油尺，擦净刻度线处的油液，将其插入机油尺套管内，确保其插到底；再次拔出机油尺，观察油面高度，应位于上下刻度线中间偏上的位置。若油量不足，再进行添加，不允许液面高于上刻度线。

拧紧加注口盖，机油加注完毕，旋紧加油口盖。

（4）起动车辆。

进入驾驶室，打开点火开关，起动发动机并保持运转 3~5 min，然后关闭点火开关。其主要目的是填充润滑系统中的储油空间，便于确定油底壳中的实际存油量。

（5）检查机油液位。

待发动机停止运转 3~5 min，之后拔出机油尺，擦净刻度线的机油，然后将其插回机油尺套管内，确定插入到位后，再次拔出机油尺，观察油底壳中的油面在机油尺上的显示位置。如果油面显示于机油尺的上下刻度线的中间偏上位置，为正常；在偏下的位置，则添加适量机油；高于上刻度线，应放出适量机油。

（6）恢复车辆。

取下翼子板布、格栅布，盖上发动机箱盖。

（7）举升车辆。

再次将车辆举升至高位。

（8）检查有无泄漏。

将车辆举升到适当高度，检查放油螺塞、机油滤清器等处是否漏油。如有泄漏，修复后，车辆才可以投入使用。

（9）降下车辆。

将车辆平稳下降落到地面上。

（10）整理工位。

将工位整理干净，将工具设备归位。

（11）将车辆驶离工位。

将车辆驶离工位，进行清洗或直接停至规定位置。

模块四 ▶▶▶ 汽车的日常维护

任务7 空气滤清器的更换

一、任务信息

任务7 空气滤清器的更换			
学时	2	班级	
成绩		日期	
姓名		教师签名	
案例导入	一位客户开着一辆红旗HS5汽车前来4S店进行25 000 km的维护保养，其中包括更换空气滤清器。如果你是维修技师，你如何完成客户车辆的空气滤清器更换？		
任务目标	知识	（1）了解空气滤清器的作用； （2）了解空气滤清器堵塞的危害	
	技能	能够按照规范流程完成空气滤清器的更换	
	素养	（1）树立安全操作意识、6S意识； （2）培养职业规范意识； （3）培养人际沟通能力和团队协作意识	

二、任务流程

（一）任务准备

（1）实训车辆4台、车轮挡块16个（每车4个）、格栅布4条、翼子板布8条、四件套4套、工具车4台、新空气滤清器4个。

（2）视频资源1个。

（3）车辆保养手册1个。

（二）任务实施

说明：请查看相关的视频资源、文档资源和参考信息，完成以下工作任务。

·179·

1. 工作表

空气滤清器的更换

(1) 空气滤清器的功用是什么？
_____
_____
_____

(2) 空气滤清器堵塞的危害是什么？
_____
_____
_____

(3) 大众、本田、日产、别克旗下的大部分车型建议_____km 更换空气滤清器，红旗品牌旗下车型建议_____km 更换，丰田旗下车型建议_____km 更换。

(4) 写出实训车辆空气滤清器的更换步骤。
_____
_____
_____
_____

(5) 小组在实训过程中，难免有失误和不足的地方，各组派代表总结和交流，并填写下表。

项目名称	出现的问题	处理措施

(6) 进行场地 6S。

2. 参考信息

2.1 空气滤清器功用

空气滤清器是一种过滤器,又叫空气格,其功能是通过滤芯过滤空气中的粉尘,将颗粒物阻隔在空气滤清器外,而让清洁空气进入发动机,以保护发动机内部。如果空气不经过滤,空气中悬浮的尘埃被吸入气缸中,就会加速活塞组及气缸的磨损。较大的颗粒进入活塞与气缸之间,会造成严重的"拉缸"现象。图 4-7-1 所示为空气滤清器的实物图。

2.2 空气滤清器堵塞的危害

如果空气滤清器堵塞,将会降低发动机进气效率,导致产生以下故障:

① 动力下降;
② 怠速不稳;
③ 燃油消耗加快;
④ 废气排放量增加。

图 4-7-2 为新旧空气滤清器的对比图。空气滤清器的更换里程各个厂家要求不一样,大众、本田、日产、别克旗下的大部分车型建议 20 000 km 更换,红旗品牌旗下车型建议 25 000 km 更换,丰田旗下车型建议 40 000 km 更换。

图 4-7-1 空气滤清器

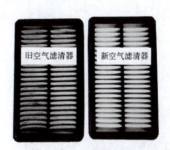

图 4-7-2 新旧空气滤清器对比

2.3 空气滤清器检查、更换注意事项

(1) 堵塞的空气滤清器不可以在清洁后继续使用。当空气滤清器不起作用时,必须更换新的。如果堵塞的空气滤清器在清洁后继续使用,将无法获得最初的性能,而且空气滤清器只保证在使用期限内有效。

(2) 应轻轻地将旧的空气滤清器拆卸下来,以免灰尘和污物进入进气管道。

(3) 安装新的空气滤清器之前,仔细检查盖内及壳内部位,必要时进行清理。

(4) 一定要保证空气滤清器和壳体盖安装完好,无任何缝隙,防止灰尘和污物进入发动机。

(5) 空气滤清器必须定期更换,对于严重污染的空气滤清器,即使没有到定期更换的时间,也应立即更换。

2.4 空气滤清器更换

(1) 准备工作。

将车辆驶入举升机工位的合适位置,停好后拉紧手刹,用车轮挡块挡住车轮。

空气滤清器的更换

（2）找到空气滤清器位置。

空气滤清器在发动机舱内，位置如图4-7-3所示。空气滤清器的明显特征是外壳盖连着一个较粗的空气软管。

（3）取出空气滤清器。

① 不同的车型空气滤清器的外壳固定形式也不同，一般分为卡扣安装式和螺丝安装式两种，如图4-7-4所示。

图4-7-3　空气滤清器位置

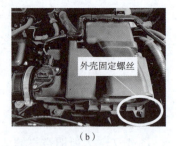

图4-7-4　空气滤清器外壳固定形式

（a）卡扣安装式；（b）螺丝安装式

② 拆下卡扣或螺丝，打开外壳盖，就可以看到空气滤清器并取出，如图4-7-5所示。

（4）放置新的空气滤清器。

空气滤清器具有各种规格及类型以适应不同的车型和发动机类型，因此，必须在零件清单中确定车辆空气滤清器的正确类型，选择新的空气滤清器放入，如图4-7-6所示。

图4-7-5　取出空气滤清器　　　　图4-7-6　放入新的空气滤清器

（5）安装好外壳盖，如图4-7-7所示。

图4-7-7　安装好外壳盖

（6）取下翼子板布、格栅布，关上发动机箱盖，将车驶离工位。

任务8　空调滤清器的更换

一、任务信息

任务8　空调滤清器的更换		
学时	2	班级
成绩		日期
姓名		教师签名
案例导入	李先生最近发现汽车开空调时有异味,于是将汽车开到4S店进行检查。李先生说汽车已经4年没有更换过空调滤清器了,维修技师判断可能是空调滤清器太脏导致空调异味。如果你是维修技师,你如何完成客户车辆的空调滤清器更换?	
任务目标	知识	(1) 了解空调滤清器的功用; (2) 了解空调滤清器的保养信息
	技能	能够按照规范流程完成空调滤清器的更换
	素养	(1) 树立安全操作意识、6S意识; (2) 培养职业规范意识

二、任务流程

(一) 任务准备

(1) 实训车辆4台、车轮挡块16个(每车4个)、格栅布4条、翼子板布8条、四件套4套、新空调滤清器4个。

(2) 视频资源1个。

(3) 车辆保养手册1套。

(二) 任务实施

说明:请查看相关的视频资源、文档资源和参考信息,完成以下工作任务。

1. 工作表

空调滤清器的更换

（1）空调滤清器的功用是多少？
_____
_____

（2）空调滤清器更换里程是多少？
_____
_____

（3）下图空调滤清器上的箭头表示什么意思？

_____
_____

（4）实训所用车辆的空调滤清器位置在哪里？
_____
_____

（5）写出实训车辆空调滤清器更换步骤。
_____
_____
_____

（6）小组在实训过程中，难免有失误和不足的地方，各组派代表总结和交流，并填写下表。

项目名称	出现的问题	处理措施

（7）进行场地 6S。

2. 学习内容

2.1 空调滤清器功用

空调滤清器，俗称花粉滤清器，其作用是过滤从外界进入车厢内部的空气，使空气的洁净度提高，保护车内人员的身体健康。一般的过滤物质是指空气中所包含的杂质、微小颗粒物、花粉、细菌、工业废气和灰尘等。空调滤清器如图4-8-1所示。

2.2 空调滤清器保养信息

目前，大部分车型厂家建议更换里程为20 000 km，具体更换里程因环境而异。如果出现当风扇高转速运转时，空气流量减少、空调与加热器的性能降低、鼓风机声音变大等情况，可优先检查是否是空调滤清器被堵塞。被堵塞的滤清器不能够清洗或再次使用，必须更换新的。更换新的空调滤清器时一定要注意空调滤清器上的指示方向（如图4-8-2所示），该方向表示空气流动的方向。

图4-8-1 空调滤清器

图4-8-2 空调空气方向指示标记

2.3 空调滤清器的位置

不同的车型空调滤清器位置有所不同，主要有两种：

（1）一些车型空调滤清器在前挡风玻璃下面，被一个导流水槽盖住。在更换空调滤清器时，先把发动机盖掀开，取下固定流水槽的卡子，拆下流水槽，就可以看见空调滤清器了，如图4-8-3所示。

（2）大部分家用轿车的空调滤清器位于副驾驶侧前挡风玻璃下的储物箱后方，只需将储物箱取下，就会看见里面的空调滤清器，如图4-8-4所示。

图4-8-3 空调滤清器位置（前挡风玻璃下面）

图4-8-4 空调滤清器位置（储物箱后面）

2.4 空调滤清器的更换

（1）打开副驾驶侧储物箱，如图4-8-5所示。

（2）储物箱左右有两个卡扣（如图4-8-6所示），只有将左右两个

空调滤清器的更换

卡扣从卡槽中脱离出来，才能将储物箱拆下来。双手按住储物箱的边缘，由外向内按压，使两个卡扣脱离卡槽，即可拆下储物箱，如图4-8-7所示。

图4-8-5　打开储物箱

图4-8-6　储物箱卡扣

（3）放倒储物箱后即可见到滤芯的挡板，滤芯挡板有两个卡扣，位置如图4-8-8所示，只有同时按下这两个卡扣，才能将挡板拆下来。

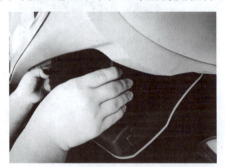
图4-8-7　拆下储物箱

图4-8-8　滤芯挡板卡扣

（4）双手按下挡板两侧的卡扣取下挡板，如图4-8-9所示。

（5）取出旧的空调滤清器，如图4-8-10所示。

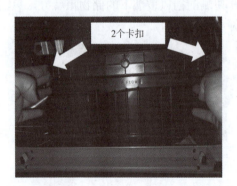
图4-8-9　按下卡扣取出挡板

图4-8-10　取出旧的空调滤清器

（6）换上新的空调滤清器，按照维修手册上的要求注意"箭头"方向。

（7）安装空调滤清器挡板，将两个卡扣安装到位，并安装储物箱。

（8）取下翼子板布、格栅布，关上发动机箱盖，将车驶离工位，并做好6S。

任务 9　蓄电池的检查

一、任务信息

任务 9　蓄电池的检查		
学时	2	班级
成绩		日期
姓名		教师签名
案例导入	一位客户因在外地出差，车辆长时间停放在停车位上，当再次用车时发现车辆起动困难，经维修技师检查确定为蓄电池亏电所致。为了避免再次发生该现象，客户向维修技师请教判定蓄电池继续使用的方法	
任务目标	知识	（1）了解蓄电池的功能和型号的含义； （2）熟知蓄电池的检查方法； （3）熟知蓄电池的使用和保养方法
	技能	能够独立进行车辆蓄电池的检查
	素养	（1）树立安全操作意识、6S 意识； （2）培养职业规范意识、团队协作能力

二、任务流程

（一）任务准备

实训车辆 4 台、万用表 8 个、车身防护用具 4 套、四件套 4 套。

（二）任务实施

说明：请查看相关的文档资源和参考信息，完成以下工作任务。

1. 工作表

蓄电池的检查

（1）检查蓄电池电压时，将万用表的挡位调节到直流电压挡多少伏的位置？
_____

（2）描述实训车辆蓄电池的状态。
_____
_____

（3）实训车辆蓄电池的静态电压、起动电压和充电电压分别是多少？
_____
_____
_____

（4）某些类型的蓄电池可以通过如图所示的蓄电池观察孔查看电解液液位和蓄电池状况，一般颜色为（　　　）色时需要充电。

（5）解读蓄电池型号"6-QA-105D"的含义。
_____
_____
_____

（6）汽车蓄电池在冬季时应注意哪些问题？
_____
_____
_____
_____

（7）组间互评：相互提问相互考核。
_____
_____
_____
_____

（8）进行场地6S。

2. 参考信息

蓄电池（如图 4-9-1 所示）是汽车的供电装置，多为铅酸电池，安装在发动机舱内，有正负两个端子，主要用于汽车起动和发动机熄火状态下的防盗系统等需要持续供电的设备供电。当发动机起动后，由发电机为蓄电池充电。

蓄电池安装在发动机舱的左前方（驾驶员前方），通过固定架和 10 号螺母固定在发动机舱内。

图 4-9-1　蓄电池

2.1 蓄电池的型号

按 GB/T 2599—2012《铅酸蓄电池名称、型号编制与命名办法》规定，蓄电池型号由三部分组成，如图 4-9-2 所示。

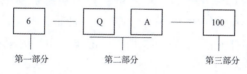

图 4-9-2　蓄电池型号示意图

其排列及其含义如下：

① 第一部分表示串联的单体蓄电池数，由阿拉伯数字组成。

② 第二部分表示蓄电池用途、结构特征代号，由汉语拼音字母组成。其中，前一部分字母表示蓄电池的类型，如"Q"表示起动用铅蓄电池；后一部分为蓄电池的结构特征代号，如"A"表示干荷电式。

③ 第三部分表示蓄电池的额定容量，如"100"指额定容量为 100 A·h。

此外，有的蓄电池在额定容量后面用一个字母表示其具有的特殊性能，例如，Q——高起动率；S——塑料槽；D——低温起动性能好。

例如，6 个单体串体的额定容量为 100 A·h 的干荷电起动型蓄电池的型号命名为 6-QA-100。

2.2 蓄电池功用

（1）汽车起动时提供足够的起动电流，以保证汽车正常起动。

（2）发电机电压低或不发电时，蓄电池向用电设备供电。当点火开关处于 ON 位置，发动机未起动时，组合仪表上的发电机故障指示灯 🔋 点亮。

（3）能吸收电路中的瞬时高电压，使电路系统电压稳定，有效保护电子设备。

2.3 蓄电池检查

（1）蓄电池电解液液位检查。

检查蓄电池各个单元的电解液液位是否处于上限和下限之间，如果很难确定电解液液位，则通过轻轻摇晃汽车检查，也可以通过拆卸一个通风孔塞并从该口中检查电解液液位。需要加水时，使用蒸馏水。

某些类型的蓄电池可以通过蓄电池观察孔查看电解液液位和蓄电池状况。蓝色为正常，红色为电解液液位不足，白色需要充电，如图4-9-3所示。

图4-9-3　蓄电池观察孔状态

目前使用的蓄电池大多数是免维护蓄电池，无须检查电解液液位。免维护蓄电池由于自身结构上的优势，电解液的消耗量非常小，在使用寿命内基本不需要补充蒸馏水；另外，它还具有耐震、耐高温、体积小、自放电小的特点。免维护蓄电池使用寿命一般为普通蓄电池的两倍。市场上的免维护蓄电池也有两种：一种是在购买时一次性加电解液，以后使用中不需要维护（添加补充液）；另一种是蓄电池本身出厂时就已经加好电解液并封死，用户根本就不能加补充液。

（2）蓄电池外壳检查。

用目视法检查蓄电池外壳是否有损坏或裂纹。

（3）蓄电池端子腐蚀检查。

用目视法检查蓄电池端子是否有腐蚀现象，如有绿色的铜锈，可以考虑用热水冲洗干净。

（4）蓄电池端子接头松动检查。

用拇指和食指捏住蓄电池端子接头轻轻晃动，检查蓄电池端子接头是否松动。如有松动，需要用10号开口或梅花扳手拧紧蓄电池接头紧固螺栓。

（5）蓄电池电压的检查。

应用万用表对蓄电池电压进行检查，如图4-9-4所示。起动前的静态电压值应该在12 V以上，起动过程中蓄电池电压会有所下降，但是会在9.6 V以上，起动后的充电电压应在13.5 V以上，否则为不正常。

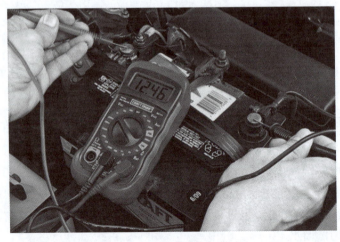

图4-9-4　蓄电池电压检查

2.4 蓄电池的充电方法

蓄电池的充电方法可分为定流充电、定压充电和快速充电三种，应根据具体情况正确选择充电方法。

（1）定流充电。

蓄电池在充电过程中，充电电流保持一定的充电方法称为定流充电。由于充电过程中蓄电池电动势随充电时间的增加而升高，因此，定流充电过程需逐步提高充电电压。

定流充电有较大的适应性，可以任意选择和调整充电电流，因此可以对各种不同情况及状态的蓄电池充电。例如，新蓄电池的初充电、使用中的蓄电池补充充电、去硫充电等。定流充电的不足之处在于需要经常调节充电电压，充电时间长。

（2）定压充电。

蓄电池在充电过程中，直流电源电压保持不变的充电方法称定压充电。定压充电时，充电电流很大，充电开始之后 4~5 h 蓄电池就可以获得本身容量的 90%~95%。因而可以大大缩短充电时间。

定压充电的充电时间短，充电进行中不需要人照管，因此在汽车修理行业被广泛采用。但定压充电不能调整充电电流的大小，不能将蓄电池完全充足，故只适用于蓄电池补充充电。定压充电要求所有参与充电的蓄电池的电压完全相同。

（3）快速充电。

采用快速充电，新蓄电池初充电不超过 5 h，补充充电只需要 0.5~1.5 h，大大缩短了充电时间，提高了效率。目前采用的快速充电方法有脉冲快速充电法和大电流递减充电法。

快速充电具有充电时间短、空气污染小、省电节能的优点，因此一般在蓄电池集中、充电频繁的场合或应急部门使用快速充电。但其输出容量较低，能量转换效率也较低，不能将蓄电池完全充足，且对蓄电池的寿命有不利的影响。因此，在正常情况下，应按蓄电池生产厂的规定电流值进行初充电或补充充电，在特殊情况下才采用快速充电。

2.5 蓄电池充电注意事项

蓄电池充电时有许多安全注意事项，应该严格遵守。

（1）严格遵守各种充电方法的充电规范。

（2）将充电机与蓄电池连接时，要注意极性，正对正，负对负，以免损坏蓄电池。

（3）在充电机工作时，不要连接或脱开充电机引线。

（4）在充电过程中，要注意各个单体电池电压和电解液密度，及时判断充电程度和技术状况。

（5）在充电过程中，要注意各个单体电池的温度，以免温度过高影响蓄电池的使用性能。

（6）充电室要安装通风设备，严禁在蓄电池附近产生电火花、明火和吸烟。

（7）充电时，导线必须连接可靠。

2.6 蓄电池的维护

（1）蓄电池的正确使用。

① 大电流放电时间不宜过长。

② 充电电压不能过高。
③ 防止过充和充电电流过大。
④ 防止过放电和欠充电。
⑤ 防止电解液内混入杂质。
⑥ 冬季调整电解液密度，防结冰。
（2）蓄电池的正确维护（保养）。
① 保持蓄电池清洁。
② 车上蓄电池应固定牢靠。
③ 定期检查松动情况。
④ 检查调整电解液液面高度（定期）。
⑤ 及时充电，放完电的电池 24 h 内充电。
⑥ 正确使用起动机。
⑦ 正确拆装蓄电池。
（3）冬季使用蓄电池时的注意事项。
① 应特别注意保持其处于充足电状态，以防结冰。
② 冬季容量降低，发动机起动前应进行预热，每次起动时间不超过 5 s，每次起动间隔应有 15 s。
③ 冬季气温低，蓄电池充电困难，应经常检查蓄电池存电状况。

三、参考书目

序号	书名或材料名称	说明
1	《汽车使用与维护考核教程》	北京理工大学出版社
2	智慧职教	

四、学生笔记

模块五

新能源汽车的维护

学习任务与能力矩阵	
任务	能力
任务1：新能源汽车维护工作准备	能检查实训场地各项设施设备配套是否完善安全
	能完成车辆安全停放、举升、防护等工作
任务2：工具及仪器的使用	能正确穿戴防护用品
	能正确使用绝缘万用表功能，完成蓄电池电压测量
	能正确连接诊断设备，完成车辆检测
任务3：新能源汽车的维护作业	能识别仪表充电指示灯状态
	能熟练打开充电口盖的开关并连接充电插口

任务 1　新能源汽车维护工作准备

一、任务信息

任务 1　新能源汽车维护工作准备			
学时	2	班级	
成绩		日期	
姓名		教师签名	
案例导入	小王是某汽车服务有限公司一名学徒工，负责车辆入场维修前的日常准备工作。现在小王需完成车辆维护保养前车辆停放检查与安全防护、工具设备及场地检查等准备工作		
任务目标	知识	（1）了解维护保养工作前的场地要求； （2）掌握电动汽车维修工位安全规范	
	技能	（1）能检查实训场地各项设施设备配套是否完善； （2）能完成车辆安全停放、举升、防护等工作	
	素养	（1）树立安全操作意识、6S意识； （2）培养职业规范意识、团队协作能力	

二、任务流程

（一）任务准备

实训车辆4台、挡块若干、车身保护用品4套、四件套4套。

（二）任务实施

说明：请查看相关的文档资源和参考信息，完成以下任务。

1. 工作表

新能源汽车维护工作准备

（1）检查高压维修工位准备，填写下表。

 新能源车专用维修工位	安全隔离警示是否设置？	
	维修工位是否整洁通风？	
	周边是否有易燃品和无关的金属物品？	
	维修工位上是否配有防护用品？	
	维修工位上是否垫好了绝缘垫？	
	工位旁边是否有其他无关人员？	

（2）检查动力电池拆卸维修工具准备，填写下表。

	动力电池举升车的举升范围是否与待操作车型动力电池重量相匹配？	
	动力电池举升车电线及操作开关是否正常？	
	用于动力电池转运的手动堆高车的技术参数是否与待操作车型动力电池重量相匹配？	

（3）检查高压防护用品的准备，填写下表。

绝缘垫	检查绝缘垫是否有破损、磨损等现象，可用绝缘测试仪测量其对地绝缘电阻	
放电工装	检查放电工装连接线及自身	
绝缘手套与绝缘头盔	检查绝缘手套的绝缘等级是否与当前车型相匹配	
	检查绝缘手套有无明显破损	
	检查绝缘头盔的绝缘等级是否与当前车型相匹配	
	检查绝缘头盔有无明显破损	
	当前绝缘手套和绝缘头盔的防护电压是多少伏？	防护电压：_____V
皮手套	检查皮手套有无破损、油污等现象	

续表

 护目镜	检查护目镜是否有裂纹、损坏	
 绝缘鞋	检查鞋面是否干燥及有无磨损,鞋底是否断裂	
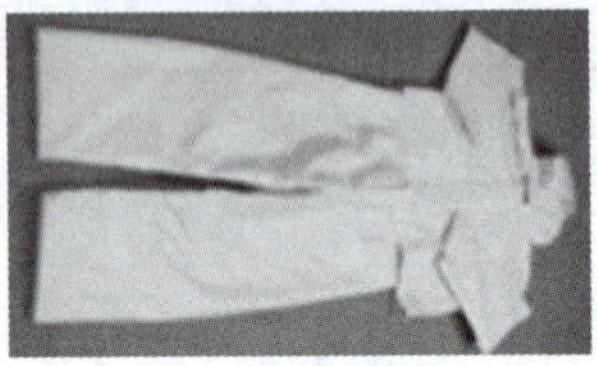 防护服	检查防护服的防护等级	
	检查防护服有无破损	

（4）检查绝缘工具的准备,填写下表。

 绝缘工具	检查绝缘工具的绝缘防护等级	绝缘防护等级: _____V
	检查绝缘工具的绝缘阻值	绝缘阻值: _____V
	检查绝缘工具绝缘层有无明显破损	

（5）开展组内自评与组间互评。

_____

_____

_____

（6）进行实训场地 6S。

2. 参考信息

2.1 职业素质的五大要素

（1）职业化的形象。

外衣不宜太宽松，严禁披穿，长袖应扣好，衣襟掖进裤腰内，领带藏在衬衣内，严禁戴珠宝饰物，严禁穿拖鞋，最好穿鞋面坚固、鞋底耐油防滑的鞋子。

（2）爱护车辆。

① 要使用座椅套、翼子板布、前格栅布、方向盘套、变速杆套以及地板垫等保护车辆。

② 小心驾驶客户车辆。

③ 禁止在客户车内吸烟。

④ 切勿使用客户车辆音响设备或车内电话。

⑤ 尽可能不起动客户的车辆。

⑥ 拿走留在车上的垃圾和零件。

（3）整洁有序。

保持车间（地面、工具台、工作台、仪表、测试仪等）的整洁有序，做到以下几点：

① 打扫、清洁和擦拭地面、工具台、工作台、仪表、测试仪等。

② 清理不必要的物件。

③ 保持零部件和材料整齐有序。

④ 遵守汽车停放标准。

（4）安全生产。

① 正确地使用工具和设备，如举升机、千斤顶、砂轮机等。

② 注意防火，工作时切勿吸烟。

③ 切勿搬运太重的物件，以免造成自身伤害。

（5）保存旧零件。

① 将小零件放在塑料袋或者空零件盒内。

② 将大零件或者重物放在规定的地方码放整齐。

2.2 工位安全要求

工作中要始终注意安全，防止伤害的发生。首先要防止自己的人身安全受到伤害，其次要防止维修的车辆受到伤害。

（1）工作着装。

① 为防止事故的发生，工作服必须结实、合身以便于工作。为防止工作时损坏汽车，不要暴露工作服的拉锁、纽扣等。不要裸露皮肤，防止剐伤或烧伤。

② 工作时要穿安全鞋，不要穿皮鞋或运动鞋。

③ 搬运重的物体、拆卸热的排气管或类似的物体、进行力矩检查时，应佩戴手套。注意在维修或更换冷却液时请勿戴手套，防止烫伤，应用干毛巾覆盖在水箱盖表面再打开水箱盖。

（2）车间内安全。

① 始终保持工作场地干净，使自己和其他人免受伤害。

② 将工具或零件放置在工作架或工作台上，不要留在使人有可能踩到的地方，并养成良好的习惯。

③ 立即清理干净任何飞溅的燃油、机油或者润滑脂，防止自己或者他人滑倒。

④ 工作时要采取舒服的姿态，这样不仅提高工作效率，而且减轻疲劳程度。

⑤ 小心处理沉重的物体，防止物体跌落到脚上造成伤害。

⑥ 从一个工作地点转移到另一个工作地点时，一定要走指定的通道。

⑦ 不要在开关、配电盘或电机等附近使用可燃物。

2.3 汽车 6S 管理

为了建立使客户 100% 满意的质量保证体系，改进业务流程、削减库存、遵守交期，强化成本竞争力，积累与提高生产技术力，提高新技术的推广速度，提高人才素养和环境安全以及构筑企业文化基础等，目前大部分汽车 4S 店在推行 6S 工作管理机制。

① 整理。工作现场，区别要与不要的东西，只保留有用的东西，撤除不需要的东西。

② 整顿。把有用的东西按规定位置摆放整齐，并做好标识进行管理。

③ 清扫。将不需要的东西清除掉，保持工作现场无垃圾、无污秽状态。

④ 清洁。维持以上整理、整顿、清扫后的局面，使工作场所整洁。

⑤ 素养。让每个员工都自觉遵守各项规章制度，养成能正确地执行各项决定的良好习惯。

⑥ 安全。重视员工安全教育，每时每刻都有安全第一的观念，防患于未然。建立起安全生产的环境，所有的工作应建立在安全的前提下。

2.4 S 工作制

（1）S 工作制的要求。

① 仪表及礼仪。统一规范的着装要求，良好的坐姿、站姿、电话礼仪，整洁、明亮、大方、舒适的接待环境。

② 整洁的办公室。台面整洁，文具单一化管理，公用设施、设备标明责任人。

③ 生产工具管理。采用单一化管理，简洁实用。

④ 站场管理。分区划线，员工工作井然有序，工作观景清洁明亮。

⑤ 工作速度和效率。最佳的速度和零不良率。

⑥ 空间效率。对现场分区画线，对各场地的利用率予以分析，增加有限空间的利用价值。

⑦ 严明的小组督导。上班前经理、班组长对员工进行检查督导，工作过程中，对发现的问题及时开展小组督导，及时进行处理，下班前对全天的工作进行总结。

⑧ 工作评估。自我评估与综合考核评价相结合。

⑨ 安全评估。自我评估和综合考核评价及事故发生率相结合。

（2）工作制的内容和具体措施。

1）整理的措施。

①清除不用物品。

a. 首先要根据情况，分清什么需要、什么不需要。

b. 使用后，按层次规定放置的位置，常用的放在容易拿到的地方，不常用的放在次要的摆放位置。

c. 不用的物品，按下列程序进行分析：确定对策范围和目标；实施准备；区别不用物品的方法；计量化和判断；管理人员巡回检查、判断和指导。

② 大扫除的注意要点。
　a. 注意高空作业的安全。
　b. 爬上或钻进机器时要注意安全。
　c. 使用洗涤剂时要注意，不要由于使用不当的洗涤剂而使设备生锈或弄坏设备。
　d. 使用整凿工具或未用惯的机器时要注意安全。
③ 消除隐患的方法。
　经常检查一下常用设备和易出现问题的设备，对象包括：建筑物、屋脊、窗户、通道、天棚、柱子、管路、线路、灯泡、开关、台架、棚架、更衣室和盖板的脱落或破损处以及安全支架和扶手的损坏等，要采取措施彻底解决这些问题以及生锈、脱落和杂乱等。
④ 消灭污垢产生的措施。
　a. 污垢产生的根源。不了解现状、不认为是问题、意识淡薄；对产生的根源未着手解决，对问题放任不管；清扫困难或对保持清洁感觉困难而灰心；解决的技术办法不足或因未动脑筋而缺乏技术支持。
　b. 消灭污垢产生的措施。明确什么是污垢；进行大扫除；规定重点清洁部位；详细调查一下造成污垢的原因；研究措施方案；确定措施方案并付诸实施。
2) 遵守保管规则。
① 日常管理和防止库存无货。
② 放置场所要明确标明库存无货、未退货或丢失。
③ 为了补充库存，对物品达到最低库存量时的订货起点要明确标示或用颜色区别。
④ 搬运要用适合物品的专用台车，通用零件和专用零件要分别搬运，要使用容易移动和容易作业的台车。

2.5 防火安全知识

① 了解灭火器的位置和使用方法。
② 不要在非吸烟区吸烟。
③ 在机油储存地或者可燃的零件清洗剂附近不要使用明火。
④ 千万不要在处于充电状态的蓄电池附近使用明火或者产生火花，那里会产生易燃的爆炸性气体。
⑤ 仅在必要时才能将燃油或清洗溶剂携带到车间，携带时还要使用能够密封的特制容器。
⑥ 将可燃性废机油或汽油倒入排液罐或者合适的容器内。
⑦ 如果火灾警报响起，所有人员应当配合扑灭火焰。

2.6 电气设备安全措施

不正确地使用电气设备可能导致短路和火灾，要学会正确使用电气设备并认真遵守以下防护措施。
① 发现电气设备有任何异常时，应立即关闭电源开关，并联系管理人员。
② 电路中发生短路或意外火灾，在进行灭火之前应首先关闭电源，并联系管理人员。
③ 有任何熔丝熔断都要向上级汇报，因为熔丝熔断说明有某种电气故障。
④ 在维修车辆高压电路时，不具备高压操作证者不能维修高压电路。

任务2　工具及仪器的使用

一、任务信息

任务2　工具及仪器的使用			
学时	2	班级	
成绩		日期	
姓名		教师签名	
案例导入	小王是某汽车服务有限公司一名学徒工，在日常维修中为其他维修技师做副手，对一些基本的维修工具也能简单使用。现在小王需完成故障诊断仪连接、个人防护用具穿戴，并使用绝缘万用表检查蓄电池电压等工作		
任务目标	知识	（1）熟知车辆OBD接口针脚定义； （2）了解绝缘防护设备的作用及防护等	
	技能	（1）能正确穿戴防护用品； （2）正确使用绝缘万用表功能，完成蓄电池电压测量； （3）能正确连接诊断设备，完成车辆检测	
	素养	（1）树立安全操作意识、6S意识； （2）培养职业规范意识、团队协作能力	

二、任务流程

（一）任务准备

实训车辆4台、挡块若干、车身防护用具4套、四件套4套。

（二）任务实施

说明：请查看相关的文档资源和参考信息，完成以下工作任务。

1. 工作表

新能源汽车维护工具及仪器的使用

（1）故障诊断仪的准备。

	检查故障诊断仪是否与待操作车型相匹配	
	检查故障诊断仪OBD适配器外观及针脚是否正常	
	检查故障诊断仪电量是否充足	
	检查故障诊断仪打印功能是否正常，打印纸是否充足	

（2）高性能数字绝缘测试仪的准备与使用。

	检查绝缘测试仪电池电量是否充足	
	检查绝缘测试仪测试笔导线是否有破损	
	操作绝缘测试仪挡位开关，检查是否灵活	
	在进行绝缘电阻值测试时，应先断开高压系统，拆除_____，等待高压系统放电完毕	
	在进行绝缘电阻检测时，将测试探头插入_____和_____（公共）输入端子	
	测量北汽EV200、吉利帝豪EV450高压系统绝缘阻值时，绝缘测试仪挡位应该选择_____V挡； 测量比亚迪e5高压系统绝缘阻值时，绝缘测试仪挡位应该选择_____V挡	
	以测量动力电池正负极与外壳的绝缘电阻为例，黑色表笔夹在_____，红色表笔接触cosfi，绝缘测试仪会自动检测被测对象是否带电，如被测对象带有超过_____以上的电压，测试仪会发出警告，同时测试中止	
	按下测试仪或测试笔上的TEST按钮，测试开始，测试仪上会显示一个有效的绝缘电阻读数	

（3）数字电流钳的准备与使用。

	检查数字电流钳功能，是否具有同时测量直流、交流电流功能？	
	根据被测对象特点估计电流大小选择合适的量程。三相电机电流计算公式：I=P/（1.732*U*cosfi）； 其中，I——三相电机电流；P——三相电机功率 U=0.38 kV；cosfi=0.8。EV200三相电机的额定功率30 kW，测量其工作电流是需要选择_____量程；吉利帝豪EV450三相电机功率为42 kW，测量其工作电流是需要选择_____量程	
	打开电流钳，将被测线路放入_____之中。注意测量时电流钳应_____，否则不能测出正确的电流	

（4）开展组内自评与组间互评。

_____

_____

_____

（5）进行实训场地 6S。

2. 参考信息

2.1 新能源汽车维护工具及仪器的使用

（1）万用表的使用。

电动车及混合动力汽车配置了电压超过 600 V 的直流电系统，需要使用 CAT Ⅲ 等级及以上的数字万用表（DMM）测量这类高压。

国际电工委员会（IEC）把仪表及仪表导线的电压标准分为几类，这些类别是过压保护级别，它们分别是 CAT Ⅰ 级、CAT Ⅱ 级、CAT Ⅲ 级和 CAT Ⅳ 级。CAT 级别越高，测量高电压时就越安全，每一级都有不同的电压值。

① CAT Ⅰ 级。测量类别Ⅰ，是指需要将瞬间过电压限制到特定水平的设备（含保护电路），即仪表的设计适用于非直接连接到电源的测量。例如，经由电源变压器连接插座的次级电气回路，一般指电子设备的内部电路。

② CAT Ⅱ 级。测量类别Ⅱ，是指由固定装置提供电源的耗能设备（用电设备），即仪表的设计适用于对直接连接到低压装置的电路进行测量。例如，通过电源线连接插座的一次电气回路，包括家用电器、个人计算机、手提工具和类似负荷等。

③ CAT Ⅲ 级。测量类别Ⅲ，是指配电线路和最后分支线路的设备，即仪表的设计能够测量直接从配电盘获取电力的设备的一次回路和从配电盘到插座的回路。例如，固定安装的配电盘、断路器，包括电缆、母线、分线盒、开关、插座的布线系统，大型建筑的防雷设施，以及应用于工业的设备和永久接至固定装置的固定安装的电动机等一些其他设备。

④ CAT Ⅳ 级。测量类别Ⅳ，是指电源处（设备装置的起点）的设备，即仪表的设计能够测量使用接入线的电力设备和一次过电流保护装置（配电盘）的回路。例如，电气计量仪表（电能表）、一次过电流保护设备、波纹控制设备等。

不同级别的测量电路具有高低不同的瞬间电压应力，CAT 后面的数值越大表示电气环境的过渡性电压冲力越大，标有 CAT Ⅳ 的万用表比标有 CAT Ⅲ 的万用表可抗更高的冲力，标有 CAT Ⅲ 的万用表比标有 CAT Ⅱ 的万用表可抗更高的冲力，同理，标有 CAT Ⅱ 的万用表比标有 CAT Ⅰ 的万用表可抗更高的冲力，即 CAT 等级是向下单向兼容的。也就是说，一块 CAT Ⅳ 的万用表可在 CAT Ⅰ、CAT Ⅱ 和 CAT Ⅲ 的环境下使用，但是一块 CAT Ⅰ 的万用表在 CAT Ⅱ、CAT Ⅲ、CAT Ⅳ 的环境下使用就不能保证安全了，万用表可能发生爆炸、燃烧，威胁到人的安全。

（2）绝缘测试仪的使用。

绝缘测试仪用于测量高压电线或者高压部件与车体之间的电气连接。如果混合动力汽车、纯电动汽车有过任何会导致绝缘物质损坏的碰撞或者其他事故，都应检查高压系统。绝缘测试仪比数字仪表贵。从事混合动力汽车、纯电动汽车工作的技术人员或者维修企业都应该配备绝缘测试仪。

① 绝缘测试仪结构。

通常检查绝缘的工具是绝缘电阻测试仪。绝缘电阻测试仪分为数字式和指针式两种，如图 5-2-1 所示。数字式绝缘电阻测试仪按键说明如图 5-2-2 所示。

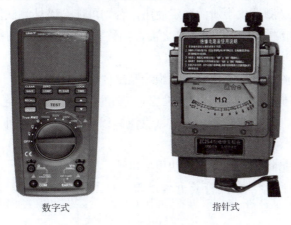

数字式　　　　　　　　指针式

图 5-2-1　绝缘电阻测试仪

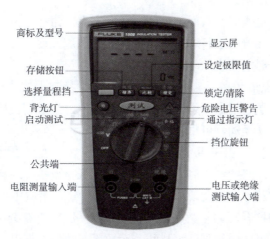

图 5-2-2　数字式绝缘电阻测试仪按键说明

② 绝缘测试仪使用。

a. 将测试探头分别插入 V 和 COM（公共）输入端子。

b. 将旋转开关旋至所需要的测试电压。

c. 将探头与待测电路连接，测试仪会自动检测电路是否通电。

注意：如果电路中的电压超过 30 V（交流或直流）以上，在主显示位置显示电压超过 30 V 警告的同时，还会显示高压符号（Z）。在这种情况下，测试被禁止。在继续操作之前，先断开测试仪的连接并关闭电源。

d. 按住测试按钮（TEST）开始测试。

辅显示位置上显示被测电路上所施加的测试电压。主显示位置上显示高压符号（Z）并以 mΩ 或 GΩ 为单位显示电阻，显示屏的下端出现测试图标，直到释放测试按钮。当电阻值超过最大显示量程时，测试仪显示"＞"符号以及当前量程的最大电阻。

e. 继续将探头留在测试点上，然后释放测试按钮，被测电路即开始通过测试仪放电。

③ 绝缘测试仪使用注意事项。

a. 请严格按照绝缘测试仪手册的规定使用，否则可能会破坏测试仪提供的保护措施。

b. 在将绝缘测试仪与被测电路连接之前，始终记住选用正确的端子、开关位置和量程挡。

c. 用绝缘测试仪测量已知电压来验证绝缘测试仪操作是否正常。

d. 端子之间或任何一个端子与接地点之间施加的电压不能超过绝缘测试仪上标明的额定值。测量 42 V AC（交流）或 60 V DC（直流）以上电压时应格外小心，这些电压有造成触电的危险。

e. 出现电池低电量指示符时，应尽快更换电池。

f. 测试电阻、导通性、二极管或电容以前，必须先切断电源，并将所有的高压电容器放电。

g. 切勿在爆炸性的气体或蒸气附近使用绝缘测试仪。

（3）钳形电流表的使用。

在对电动汽车进行检查时，有时会用到钳形电流表。钳形电流表使用非常方便，无须断开电源和线路即可直接测量运行中电力设备的工作电流，便于及时了解设备的工作电流及设备的运行状况。钳形电流表的使用方法如下：

① 正确查看钳形电流表的外观情况。一定要仔细检查电流表的绝缘性能是否良好，绝缘层有无破损，手柄是否清洁干燥。若指针没在零位，应进行机械调零。钳形电流表的钳口应紧密接合，若指针晃动，可重新开闭一次钳口。

② 根据电流的种类、电压等级正确选择钳形电流表。被测线路的电压要低于电流表的额定电压。测量高压线路的电流时，应选用与其电压等级相符的高压钳形电流表。

③ 使用时应按紧扳手，使钳口张开，将被测导线放入钳口中央，然后松开扳手并使钳口闭合紧密。钳口的接合面如有杂声，应重新开合一次，仍有杂声，应处理接合面，以使读数准确。另外，不可同时钳住两根导线。读数后，将钳口张开，将被测导线退出，将挡位置于电流最高挡或 OFF 挡。

④ 钳形电流表要接触被测线路，所以钳形电流表不能测量裸导体的电流。用高压钳形电流表测量时，应由两人操作，测量时应戴绝缘手套，站在绝缘垫上，不得触及其他设备，以防止短路或接地。

测量时应注意身体各部分与带电体保持安全距离，低压系统安全距离为 0.1~0.3 m。测量高压电缆各相电流时，电缆头线间距离应在 300 mm 以上，且绝缘良好，确认安全后方能进行测量。观测表针时，要特别注意保持头部与带电部分的安全距离，人体任何部分与带电体的距离不得小于钳形电流表的整个长度。

2.2 维护作业中采取的安全措施

应遵守如下的预防措施来防止发生伤害：

（1）按照说明书要求正确使用电气、液压和气动设备。

（2）使用操作过程中会产生碎片的工具前，应佩戴护目镜，使用砂轮机、电钻类工具后，要清除其上的粉尘和碎片。

(3)操作旋转的工具或者在有旋转工具的地方工作时，不要戴手套，手套可能被旋转的物体卷入造成人身伤害。

(4)使用举升机时，在完全升起前要确认车辆牢固地支撑在升降机上，升起时千万不要试图摇晃车辆，以免车辆跌落造成严重伤害。

(5)在维修区域垫上绝缘胶垫。

(6)维修人员对带电部件操作时必须使用绝缘工具。

(7)在拔出维修开关后必须使用动力电池安全堵盖将维修开关盖口堵住。

(8)检修动力电池和电控元件时必须使用带绝缘垫的专业工作台。

任务3　新能源汽车的维护作业

一、任务信息

任务3　新能源汽车的维护作业			
学时	2	班级	
成绩		日期	
姓名		教师签名	
案例导入	客户王先生是北汽 EV 系列一款车型的车主，今日来店做维护保养。王先生反映在充电时有时需要多次插拔充电枪才能充电。维修技师刘某接受了此项任务，重点对车辆充电系统进行了检查		
任务目标	知识	（1）了解维护保养工作前的场地要求，能检查各项设施配套是否完善； （2）知道电动汽车维修工位安全规范，能完成车辆停放、安全防护等工作	
	技能	（1）能识别仪表充电指示灯状态； （2）能熟练打开充电口盖的开关并连接充电插口	
	素养	（1）树立安全操作意识、6S意识； （2）培养职业规范意识、团队协作能力	

二、任务流程

（一）任务准备

（1）实训车辆4台、挡块若干、车身保护用具4套、四件套4套。

（2）视频资源2个。

（二）任务实施

说明：请查看相关的视频资源、文档资源和参考信息，完成以下工作任务。

1. 工作表

新能源汽车的维护作业

（1）请完成纯电动汽车维修作业前检查及车辆防护，并记录信息。

①维修作业前现场环境检查。

作业内容：_____
作业结果：_____

作业内容：_____
作业结果：_____

作业内容：_____
作业结果：_____

作业内容：_____
作业结果：_____

（2）请检查车载充电机工作状态。

	充电枪状况	□插上充电枪 □拔下充电枪
	充电正常时，CHG点亮指示灯	□PO □RUN □FAULT

序号	故障现象	可能原因
1	起动 0.5 min 后只有POWER 灯亮	
2	FAULT 灯亮	
3	所有充电灯都不亮	

（3）请检查慢充充电线。

充电线目测检查		
	外观状态	□正常　　□裂痕
	端子状态	□正常　　□损坏
	注意事项	充电过程中充电线会产生热量，如有破损，请及时更换，避免产生危险对人员或对车辆造成损害

（4）请检查充电口盖开关状态。

	充电口盖状态	□能正常开启和关闭 □不能正常开启和关闭

（5）请检查 DC/DC 转换器功能。

	点火开关挡位	□LOCK　□ACC　□ON　□START
第一步： 将点火开关置于LOCK挡，使用专用万用表测量低压蓄电池的电压	万用表挡位	□电压挡　□电流挡
	测量部位	□低压蓄电池正负极 □DC/DC 转换器低压输出端 □DC/DC 转换器高压输入端
	测量值	
	造成所测值高于规定值时的可能原因	
第二步： 将点火开关置于ON挡，再次测量，这时所测的这个电压值是 DC/DC 转换器输出的电压值	点火开关挡位	□LOCK　□ACC　□ON　□START
	万用表挡位	□电压挡　□电流挡
	测量部位	□低压蓄电池正负极 □DC/DC 转换器低压输出端 □DC/DC 转换器高压输入端
	测量值	
	造成所测值低于规定值时的可能原因	

（6）开展组内自评与组间互评。

_____

_____

（7）进行实训场地 6S。

2. 参考信息

2.1 汽车检查与维护

（1）每日检查与每周检查。

汽车在使用过程中，应做到每日检查与每周检查，具体内容如下：

1）每日检查。

① 灯光、喇叭、转向灯、雨刮器、清洗装置和警告灯的功能。

② 安全带和制动系统的功能。

③ 检查车身底部是否有泄漏液体的残留痕迹。

2）每周检查。

① 冷却液液位。

② 制动液液位。

③ 玻璃水液位。

④ 轮胎气压和状态。

⑤ 检查空调器是否能正常工作。

另外还应注意，汽车中使用的液体是有毒的，不得与嘴或未愈合的伤口接触。有毒液体包括：蓄电池的酸液、冷却液、制动液和玻璃水等。为了您的安全，请首先阅读和遵守打印在标签和容器上的所有用法说明。

诸如冷却液、制动液等车用油液及消耗品均在不断发展之中，授权服务商掌握车用油液和消耗品的最新发展动态，故建议由授权服务商更换油液和消耗品。

（2）前机舱盖操作规范。

1）前机舱内安全作业注意事项。

在前机舱内作业或对电机作业时务必格外谨慎，动力系统处于起动状态时严禁在前机舱内作业。在前机舱内作业前必须遵守下列事项：

① 关闭动力系统，拔出起动钥匙，并禁止充电。

② 施加驻车制动。

③ 将变速旋钮旋入 N 挡。

④ 待电动机冷却。

⑤ 让儿童远离车辆。

⑥ 打开前机舱盖。

若不了解操作流程和无必备工具/设备，切不可在前机舱内作业。建议由授权服务商实施相关作业。

2）开启前机舱盖。

① 将车辆停好，施加驻车制动，从驾驶员侧脚部饰板拉动前机舱盖锁开启手柄（如图 5-3-1 所示），此时前机舱盖主锁打开，前机舱盖将向上轻微弹起。

图 5-3-1　前机舱盖锁开启手柄

② 将前机舱盖轻轻抬起，用手指将二级锁开启手柄（如图 5-3-2 所示）向上顶起，松开锁钩将前机舱盖向上抬起。

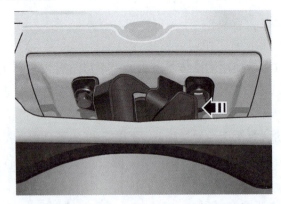

图 5-3-2　二级锁开启手柄

③ 将前机舱盖抬至合适位置，并使用支撑杆将其支撑到位，如图 5-3-3 所示。

图 5-3-3　前机舱盖支撑杆

3）关闭前机舱盖。

前机舱布置如图 5-3-4 所示。略向上抬舱盖，将支撑杆移开，然后将其卡到前机舱盖支架板上的卡扣里。手抬舱盖，慢慢下落至一定位置后再让舱盖自然下落扣合，无须下压舱盖。关闭前机舱盖后舱盖应与邻接车身齐平,否则,必须打开舱盖,重新关严。

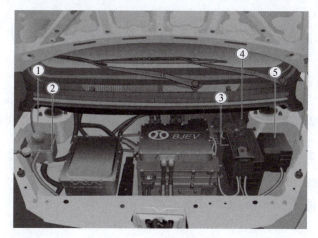

图 5-3-4　前机舱布置

1—冷却液储液罐；2—玻璃水储液罐；3—蓄电池；4—制动液储液罐；5—保险丝盒

(3) 玻璃水和雨刮片。

1) 玻璃水添加。

雨刮器由前机舱内的玻璃水储液罐提供玻璃水,如图 5-3-5 所示。若发现玻璃水液位过低,应及时向储液罐中添加玻璃水。

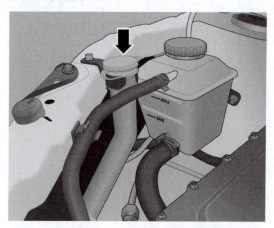

图 5-3-5　玻璃水储液罐

2) 雨刮器喷嘴检查。

① 定期使用雨刮器来检查喷嘴是否洁净,喷射方向是否正确。

② 雨刮器喷嘴在生产时已经设置好,不需要调整。

③ 如果喷嘴堵塞,用针或细金属丝伸入孔中清出阻塞物。

3) 雨刮片检查。

① 油脂、硅和石油产品会减弱雨刮片的刮刷效果。在温热的肥皂水里清洗雨刮片,并且定期检查其状态。

② 如果发现橡胶硬化或有裂纹，或雨刮器在风窗上留下划痕或不能清洗某个区域，那么需要更换雨刮片。

③ 定期使用认可的玻璃水来清洁挡风玻璃，并且保证在更换雨刮片之前彻底清洁挡风玻璃。

④ 只使用和原装雨刮器同样规格的雨刮片。

⑤ 如果雨刮片刮动时有摩擦声，可能由以下原因造成，应做相应检查与排除。

a. 在自动洗车设备内洗车时有硬蜡残渣被固结在挡风玻璃上，这种硬蜡残渣只能用专用清洁剂清除。

b. 添加能够溶解石蜡的玻璃水，就可以消除这种摩擦声。只能溶解油脂的普通玻璃水不能清除这种沉积物。

c. 如果雨刮片损坏，同样也会产生摩擦声，此时应更换雨刮片。

d. 挡风玻璃外表面有灰尘或杂物。

e. 雨刮器臂的定位角不正确。若出现此情况，建议到授权服务商检查并调整。

f. 必须定期检查雨刮片，并按规定更换，否则会损坏挡风玻璃。

4）雨刮片更换。

① 将雨刮臂从挡风玻璃上提起，如图 5-3-6 所示，将雨刮片转动 90°。

图 5-3-6　抬起的雨刮器臂的状态

② 将雨刮片向下推，与雨刮臂接头顺势分开，如图 5-3-7 所示，然后旋转着将雨刮片总成取下。

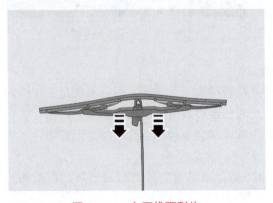

图 5-3-7　向下推雨刮片

③ 按照相反的顺序可将雨刮片安装。

（4）蓄电池。

1）蓄电池的检查。

本叙述中所涉及的蓄电池均指传统的 12 V 铅酸蓄电池，如图 5-3-8 所示。

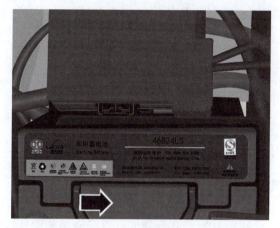

图 5-3-8　蓄电池

蓄电池设计为免维护蓄电池，所以无法添加溶液。如果长时间（7 天以上）不使用车辆时，应断开蓄电池负极线，以防止蓄电池亏电。定期（至少 1 次 / 月）到 4S 店请专业技术人员使用专业设备检查蓄电池状态。蓄电池的检查应在断开蓄电池负极线的情况下进行。

新能源汽车高压电池组的维护

① 当蓄电池电压高于 12.65 V 时，蓄电池状态良好。

② 当蓄电池电压低于 12.65 V 且高于 11.0 V 时，蓄电池需要进行充电。

③ 当蓄电池电压低于 11.0 V 时，蓄电池亏电严重。请勿自己对蓄电池进行充电操作，以免损坏蓄电池，应立即到 4S 店请专业技术人员进行处理。

2）蓄电池的放电类型。

① 整车起动期间，向整车低压电气设备供电。

② 当 DC/DC 转换器没有运转或出现故障时，蓄电池向整车用电设备供电。

③ 当电气设备用电量超过整车 DC/DC 转换器的输出时，蓄电池可以在有限的时间内供电。

④ 车辆停放期间，蓄电池提供车辆静态休眠电流（电流值小于 20 mA）。

⑤ 蓄电池自身缓慢放电。

3）蓄电池的充电类型。

① 整车正常起动以后及正常行车过程中，整车 DC/DC 转换器启动并开始向蓄电池充电。

② 当整车对动力锂电池进行快速或慢速充电时，整车 DC/DC 转换器启动并开始向蓄电池充电。

③ 当蓄电池放电量大于充电量时，蓄电池就会处于亏电状态；若长期亏电又处理不当，蓄电池就可能损坏。

4）蓄电池的断开和拆卸。

① 在断开或拆卸蓄电池之前，请消除警报器，确保启动开关和其他电气部件关闭。

② 首先断开负极（-）连线，然后断开正极（+）连线。

③ 当重新连接时，首先连接正极连线，然后连接负极连线。

④ 松开固定蓄电池压板的限位螺栓，取出蓄电池压板，使用提起手柄（如果安装）从汽车上提起蓄电池。

5）蓄电池更换。

① 仅允许装配相同型号的蓄电池并与原规格相符，其他的蓄电池可能在尺寸上不符或接线端位置不同，可能导致蓄电池的损坏、漏液或起火。

② 在更换时，应确保蓄电池安装正确，确保蓄电池托盘和压板被安全固定，防止蓄电池在紧急制动或事故中窜动。

6）蓄电池处理。

使用过的蓄电池对环境有害，应回收循环处理。

7）蓄电池充电。

新能源汽车动力电池充电流程

当蓄电池用旧了，它的充电效率就会降低。汽车使用频次低或频繁短时间起动，或在寒冷的环境下运转，蓄电池需要进行有规律的充电。

在充电前，应首先检查蓄电池状态。在充电时，蓄电池会产生含有腐蚀的酸性挥发气体，并且产生会导致严重损坏的电流。所以在充电时，应特别注意以下事项：

① 充电前，应从车上断开接线柱并拆卸蓄电池，否则会损坏汽车的电气系统。

② 在打开充电器开关前，确认蓄电池充电器导线安全地、正确地夹在蓄电池的正负极接线端上。一旦充电器开启，不能移动导线。

③ 充电时，注意保护眼睛，或避免俯身于蓄电池上。

④ 保持蓄电池顶部的四周空间有良好的通风，避免蓄电池附近有强光照射（蓄电池在充电过程中会产生易燃的氢气）。

⑤ 充电结束时，从蓄电池接线端处脱开导线前，先关闭蓄电池充电器。

（5）内部维护。

1）仪表台和塑料件的清洁维护。

① 用干净湿布对仪表台和塑料件表面进行擦洗。

② 若不能清洁干净，则需使用专用的不含溶剂的塑料清洗剂进行清洗。

2）安全气囊罩盖清洁维护。

为防止安全气囊（SRS）损坏，只能使用湿布和装潢清洁剂小心地清洁以下区域。

① 方向盘中央面板；

② 装有乘客安全气囊的仪表台区域；

3）地毯的清洁维护。

经常用吸尘器吸去地毯上的灰尘，定期用洗涤剂洗刷，保持地毯清洁。

4）皮革的清洁维护。

对于一般的皮革，可用以下方法清洁和维护：

a. 用吸尘器吸去灰尘。

b. 用干净的软布和清水擦洗皮革表面。
c. 用另一块干的软布将其擦干。
d. 如果以上清洗不足以去除污渍，可以配合使用专用的洗革皂或去污剂进行清洁。

5）安全带的清洁维护。

时刻保持安全带的良好状态，对于安全驾车尤为重要。以下为安全带的一些维护方法：

① 将安全带慢慢拉出，并保持在拉出位置。
② 使用软刷和中性肥皂水清除安全带的脏污，并用干的软布擦干。
③ 等待安全带完全干透后，收卷安全带。

（6）外部维护。

1）车辆清洗。

经常洗车，有助于保护车辆的外观。洗车时应在阴凉处进行，不要在阳光直射下进行。如果车辆长时间置于阳光下，需等待车身外表冷却后再进行清洗。车辆清洗分自动洗车和手工洗车。

① 自动清洗。通过自动洗车机清洗车辆时请务必遵照洗车机操作员的指导进行操作。车漆是比较耐磨的，一般在自动洗车设备中清洗车辆是没有问题的。对车漆的影响很大程度上取决于洗车设备的结构、洗车水过滤状态、清洗剂和保养剂种类等。如果洗车后车漆无光泽或出现划痕，应立即通知洗车机操作员，如有必要，应更换另一台不同结构的洗车机清洗车辆。

② 手工清洗。手工清洗请按照以下方法进行：
a. 用清水冲洗车辆，以清除浮尘。
b. 准备好一桶清水，掺入洗车专用清洁剂。
c. 用软布、海绵或者软刷轻轻洗刷车辆，自上而下多次冲洗。
d. 车轮、门槛等部位应最后冲洗，清洗时需要更换海绵或软布。
e. 擦洗完毕，用清水彻底冲洗车辆。
f. 清洗完成后，用软毛巾仔细擦干车辆漆面。

使用高压清洗器清洗车辆时，要格外谨慎。务必按照高压清洗器的使用说明和要求进行清洗操作，特别注意工作压力和喷洗距离。

2）车辆打蜡。

定期打蜡能够保护车身漆面，保持车身光洁度。若进行打蜡，应注意以下事项：

① 在擦干整车外表后才能进行打蜡作业。
② 打蜡时应选用优质漆面保护蜡。
③ 为了有效保护车身漆面，建议每年上一次优质硬蜡，以保护漆面不受外界环境的侵蚀，并可以抵御轻度机械刮擦。

3）汽车上光。

当车漆变得难看且用打蜡材料也不能达到更好的光泽时，才需要上光。如果所用的上光剂不含有防腐成分，后续必须进行打蜡处理。

4）车漆损伤养护。

① 小范围的车漆损伤（例如擦痕、刮痕或石头击痕）应在生锈前尽快用车漆覆盖。

② 如果已经生锈，必须彻底清除锈蚀，并在锈蚀位置涂抹防腐底漆和涂抹覆盖漆。这些工作建议在授权服务商进行。

5）外部塑料件的清洁养护。

① 通常用清水以及软布、软刷清洗即可。若无法清洗干净，可使用不含溶剂的专用塑料件清洗剂。

② 镀铬件上的污斑和污物层可以用铬清洗剂加以清除。定期使用铬清洗剂可以防止表面污物层的形成。使用铬清洗剂时，注意要均匀地完全覆盖整个表面。

6）车窗玻璃与后视镜的清洗。

用含酒精的玻璃水清洁车窗玻璃和后视镜，然后用干净的不起毛软布或鹿皮擦干玻璃表面即可。

7）清洗残留蜡。

在对车身表面进行养护后，残留在玻璃上的蜡应使用专用清洁剂和清洁布加以清除，以免刮擦雨刮片使之过早磨损。

8）清除积雪。

可用小刷子清除车窗、后视镜上的积雪。

9）清除积冰。

可用除冰喷雾剂清除积冰，也可使用除冰铲，但是需要特别小心，以免损伤部件，使用时必须沿同一方向除冰。

10）雨刮片的清洗。

① 抬起雨刮器臂使其离开挡风玻璃。

② 操作时只可抓住雨刮片架。

③ 用软布小心擦去雨刮片上和挡风玻璃表面的灰尘及脏物。

④ 清洗完毕后，将雨刮器臂轻轻放至原位。

11）通风室的清理。

通风室位于前风窗和驱动电机之间的前机舱内，配有多孔通风饰板，车外空气自通风室吸入，经空调系统进入车内。

应定期清理通风室板上面的树叶或其他杂物。特别在雨雪天气，应及时清理前风窗和通风饰板上的积雪，保证通风室的排水通道畅通无阻塞，否则排水通道的排水口可能堵塞，使积水进入车内并对空调造成损坏。

12）密封条的养护。

经常对车门、车窗等部位的橡胶密封条进行适当的养护，可保持其柔韧性，延长使用寿命，还可提高密封性，使车门易于打开，减轻关门的撞击声，同时冬天也不易结冰。

① 用软布清除密封条表面的灰尘和污垢。

② 定期使用专用的防护剂涂覆橡胶密封条。

13）底板防护。

车辆出厂时底部已做过防护处理，可以减轻化学和机械损伤程度。然而在车辆行驶中，防护层的损伤不可避免，建议每隔一定的时间，最好在春末秋初检查车辆底部和底盘的保护层，如有必要，进行修补和防腐处理。授权服务商有必要的材料和设备能够提供适合的维修业务。

14）前机舱清洁及防范处理。

① 关闭动力系统后方可清洁前机舱。

② 前机舱切勿用水清洗，只可用清洁布擦拭，清洁前机舱时务必格外谨慎。

③ 轿车出厂时前机舱已作防腐处理。

④ 冬季行驶条件下汽车经常在撒盐路面上行驶，故良好的防腐处理尤为重要。为防止防滑盐腐蚀汽车，撒盐期前后须彻底清洁整个前机舱。

⑤ 若用油脂清除剂清洁前机舱，则防腐涂层可能被清除掉，故清洁前机舱后必须对前机舱的所有表面、缝隙、结合处和部件进行防腐处理。

（7）车轮及轮胎相关处理。

1）车轮的维护。

定期维护车轮能够保持美观，同时需定期清除车轮上的防滑盐和制动磨屑，可以保持车轮表面的光洁度，延长使用寿命。

① 每两周清除车轮上的防滑盐和制动磨屑。

② 用无酸清洁剂清洗车轮。

③ 每三个月为合金车轮上优质硬蜡。

2）轮胎气压检查。

① 轮胎信息。通常在左侧前座椅门沿上贴有关于轮胎信息的数据标牌，如图5-3-9所示，应根据数据标牌上面规定的轮胎气压进行充气。

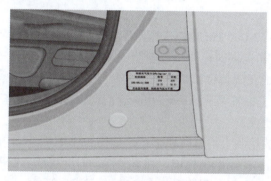

图 5-3-9　轮胎信息数据标牌

② 轮胎气压检查。正确的轮胎气压可以延长轮胎的使用寿命，同时可以保证驾驶舒适性、经济性和道路操控性达到最佳的配合。轮胎压力过低时，将加剧轮胎磨损，会极大影响车辆的道路操控性和经济性，并增加了轮胎失效的危险。轮胎压力过高会导致行驶不平稳，轮胎磨损不均匀，从而降低轮胎使用寿命。至少以每周一次的频率检查轮胎气压（包括备胎）。检查时轮胎必须在冷胎状态，冷胎是指车辆停驶3 h以上或行驶不超过1.6 km，只要行驶了1.6 km就可以使轮胎温度升高从而影响轮胎气压。处于热态的轮胎，胎内的压力必然会升高。如果必须在轮胎处于热态的时候检查轮胎气压（车辆行驶了一段时间之后，压力应该会上升0.2~0.5 bar），请勿为了使轮胎压力符合标准而降低轮胎气压。

可使用优质的轮胎气压表检查轮胎。仅凭目测无法确定轮胎气压是否正常，如子午胎即使充气不足看上去仍很正常。在轮胎冷态时检查其充气压力，从轮胎气门芯上拆下气门嘴防尘帽，将轮胎气压表用力按到气门上，轮胎气压表会显示轮胎气压。如果冷胎充气压力符合轮胎和装载信息标签上推荐的压力值，则无须进行调节。如果压力过低，则需继续充气至标准值。如果压力过高，可通过按压气门芯排出多余气体，至符合的标准轮胎气压。

在检查轮胎气压时，应同时检查气门嘴是否出现漏气，最好使用皂液法查看是否有气泡出现。检查完毕后，务必将气门嘴防尘帽牢固地拧紧到气门芯上，气门嘴防尘帽可防止灰尘和潮气进入轮胎内部。

3）轮胎损伤处理。

有缺陷的轮胎会增加驾驶风险。如果轮胎损坏、过度磨损或压力异常，请不要驾驶车辆，并建议尽快联系授权服务商进行检修。驾驶时请密切注意轮胎的状态，并定期检查胎面和胎壁是否变形、鼓包，是否存在划痕、异常磨损、裂纹、扎铁钉等。导致轮胎有缺陷的最常见原因有撞击或摩擦路肩、从路上的深坑驶过、轮胎气压过低或过高等。

① 轮胎刺破处理。现代轿车都装备了无内胎轮胎，如果轮胎被尖锐物体刺破，轮胎不一定会有明显漏气。如果发现有这样的情况发生，请立即减速并小心驾驶，或换上备胎并尽快维修。这种类型的穿刺将造成轮胎气压降低，所以定期检查胎压是非常重要的。

② 隐蔽性损伤。轮胎和轮辋的损伤往往不易被发现，在车辆行驶中如发现车辆异常振动或跑偏，则表明某个轮胎可能存在隐蔽性损伤，遇此情况，建议到授权服务商进行轮胎检查。

4）轮胎换位。

汽车每行驶 8 000~13 000 km 时应进行轮胎换位。只要发现异常磨损就应该尽快进行轮胎换位并检查车轮定位，同时还要检查轮胎或车轮是否损坏。在进行轮胎换位时，一定要按照图 5-3-10 所示的正确换位模式进行换位。换位时不要使用紧凑型备胎。轮胎换位后，按照轮胎和载重信息标签调节前后轮胎的充气压力，确保所有车轮螺栓均已正确紧固。

5）轮胎与轮辋的更换。

① 更换轮胎。原装轮胎上均有磨损标记，如图 5-3-11 所示，在胎面花纹底部，分布在轮胎圆周上。若胎面磨损到磨损标记，在紧急制动时会在地上留下连续的橡胶印迹，其贯穿整个轮胎宽度。如果出现以下情况之一，需要更换新轮胎。

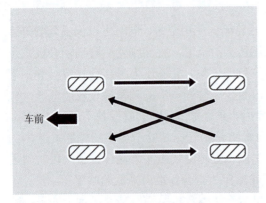

图 5-3-10　前后车轮换位

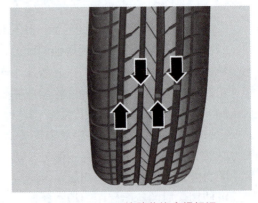

图 5-3-11　轮胎花纹磨损标记

a. 轮胎磨损指示标记已出现磨损现象，可以看到轮胎橡胶中的帘线或帘布。
b. 胎面或胎壁开裂，裂口深到足以看到帘布或帘线的程度。
c. 轮胎鼓包、隆起或分层。
d. 轮胎被扎破、划破或有其他损坏，且损坏的尺寸和部位难以修理。

购买新胎时，要仔细查看车辆上的轮胎和轮胎信息标签，如图 5-3-12 所示，可了解所需要的轮胎型号和尺寸。

图 5-3-12 轮胎侧壁上的相关信息

有花纹方向的轮胎应注意轮胎的安装方向，可以通过轮胎侧面箭头的指示方向或标记单词"ROTATION"来进行辨别，如图 5-3-13 所示。必须保证在车辆向前行驶时，轮胎按照箭头或标记指定的方向旋转。

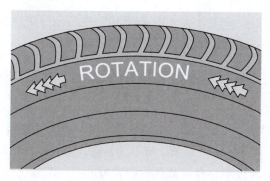

图 5-3-13 轮胎花纹方向

② 更换轮辋。如果轮辋弯曲、开裂或严重锈蚀或腐蚀应更换。如果车轮螺母经常松动，则应更换车轮、车轮螺栓和车轮螺母。

更换的车轮与轮辋的载荷能力、直径、宽度、偏心度应和原装车轮相同，安装方法也应相同。

6）爆胎处理。

爆胎在车辆行驶过程中并不常见，但万一遇到爆胎，建议采取如下的应对措施：

① 如果是某个前轮爆胎，瘪胎的拖滞作用将使车辆朝该侧跑偏，此时应立即松开加速踏板，并且握紧方向盘，使车辆转向以保持在原来的车道，并轻踩制动踏板，将车辆停

在应急车道或安全的位置。

② 如果后轮爆胎，应松开加速踏板，将方向盘转向希望车辆行驶的方向，以保持对车辆的控制。可能会很颠簸并有噪声，但仍可控制转向，并轻踩下制动踏板停车，将车辆停在应急车道或安全的位置。

7）防滑链。

建议使用通过授权服务商检验的防滑链条。不合适的雪地防滑链条会损坏车辆轮胎、轮辋、悬挂、制动或车身。防滑链在使用时，请注意以下要求：

① 防滑链条只能安装到前轮上。

② 请遵守防滑链条安装的张紧说明和针对不同路况下的车速限制。

③ 车速请勿超过 50 km/h。

④ 为避免轮胎损坏和防滑链条的过度磨损，在无雪路面上行驶时务必拆掉防滑链。

（8）配件和附件。

为了保证驾驶的愉快和舒适，建议使用授权服务商许可的原产配件，原产车型配件能达到车辆的最佳状态。

2.2 日常维护内容

（1）常规检查。

① 出车前，必须对油、水、气、电等进行检查，确保安全。在车辆停止的地面下方，目视发动机、变速器、管路等下方有无油品、冷却液等残留痕迹，如果存在渗漏，应对相关部位进行检查和紧固。应特别注意，新能源汽车有两个散热器，即发动机散热器和混合动力系统散热器。

② 接通点火开关，检查仪表显示状况：高压电池电压范围应为 300 V~420 V；高压电池 SOC 电量应在 30%~70%；混合动力"H"指示灯和空挡"N"指示灯工作；确认车辆的各个系统安全。

③ 起动车辆，检查仪表显示状况，转速表、水温表、机油压力表、气压表、高压电池等有无故障警报灯显示。

如遇到车辆显示故障，不管是仪表还是换挡面板，应先关掉钥匙，然后关掉电源总开关，等待 5~10 s，然后重新供电。如果故障不能消除，应立即进行报修。

④ 行车中，注意观察仪表信息，如遇故障警报，应立即靠边停车检查。

黄色警报时，说明系统已经存在故障，相应故障会显示在仪表下方（或翻页排查），如电机温度高、电池电量低等，应检查相应部件是否工作正常。

红色警报时，仪表台视框将显示：混合动力故障，请停止行车，这时应在路边停车，并进行检修或通知相关技术人员处理。

⑤ 收车后，对油、水、气、电等再次进行检查，注意电量如低于 30%，请及时充电。

（2）出车前日常维护，如表 5-3-1 所示。

（3）汽车行驶中作业内容及操作要领，如表 5-3-2 所示。

（4）停车检查作业内容及操作要领，如表 5-3-3 所示。

（5）收车后日常维护，如表 5-3-4 所示。

表 5-3-1 出车前日常维护

序号	维护项目	作业内容	操作要领	技术要求
1	汽车外表	清洗	汽车清洗与补给设备及其使用	车容整理
2	门窗玻璃、雨刮器、室内镜、后视镜、门锁与升降器手摇柄	检查	视检、试用	齐全有效
3	冷却液液位、蓄电池状态	检查	视检、看仪表	符合要求
4	喇叭、灯光	检查	试按、试用	齐全有效,牢固
5	轮胎	检查轮胎气压,清除轮胎表面杂物	视检、用气压量表检查气压	气压符合规定,胎间及胎纹间无杂物
6	仪表	检查	起动车辆	仪表显示正常、无异响
7	车辆有无漏水、漏油、漏气、漏电现象	检查	看、听、试	应无"四漏"现象
8	拖挂装置	检查	对全挂和半挂汽车的拖挂装置进行视检	连接可靠
9	离合器、制动器	检查离合器和制动器踏板自由行程	用钢板尺在驾驶室内测量	符合规定

表 5-3-2 汽车行驶中作业内容及操作要领

序号	作业内容	操作要领	注意事项
1	检查底盘有无异响和异常气味	选择慢车道,放慢车速(怠速滑行,手动变速器车可挂空挡),听有无异响,闻有无异味	若有异响和异味,则按交通规则要求,选择合适的地点停车进行检查和排除
2	检查各个仪表和灯光照明装置的工作情况	在车辆行驶中,利用眼睛的余光扫描各个仪表的工作情况,从而监控车辆各系统的运行状况。夜间利用变更车道或超车等机会,进行灯光照明、转向信号的检查	不可乱打转向灯和随意变换远近光灯
3	检查转向机构的工作情况	利用驶过弯道的机会进行检查	不可猛打方向盘
4	检查离合器和制动装置的工作情况	行驶途中,进行换挡操作。快抬离合器,看是否分离彻底;慢抬离合器,看是否结合平稳,有无打滑现象。选择中、高车速,利用"点制动"的方法进行制动效能的检查	按交通规则要求,选择宽直、平坦、车流量较少的路段进行检查,并时刻注意前后左右车距,不可紧急制动

表 5-3-3　停车检查作业内容及操作要领

序号	作业内容	操作要领	注意事项
1	检查轮胎气压并清除胎间、胎纹中的杂物	利用在高速公路生活区停车休息、加油停车、靠边停车或车辆驶入停车场停放等机会，进行检查和清理	当车辆因轮胎气压过高或过低、胎间、胎纹中有杂物而导致车辆左右摇摆、上下颠簸难以操纵时，切不可随意停车，更不能紧急制动，一定要按交通规则的要求停放车辆后，再进行检查和清理
2	检查有无漏水、漏油、漏气、漏电现象	通过"看、听、试、摸"等手段进行检查	当发动机因缺水而"开锅"时，切不可立即打开散热器盖加水，否则易被烫伤，也易炸裂散热器或发动机水套
3	检查车轮制动器有无拖滞、发咬或发热现象，驻车制动器的作用是否可靠	利用靠边停车的机会，查看制动印痕，检查有无拖滞、发咬和跑偏等故障。手摸制动鼓，看有无发烫	检查驻车制动器的作用时，最好找一个有点坡度的地方，以便检查驻车制动性能
4	检查转向机构、操纵机构等连接部位是否牢靠	视检、手晃各连接部位看有无松动，试打方向盘，反复踩踏或放松加速踏板、离合器踏板以及制动踏板，看有无卡滞等现象	一定要按交通规则的要求停车后，方可进行检查和排除
5	检查货物装载是否安全可靠，捆扎是否牢靠	视检，用手推拉货物，看货物是否有移位、松动	高速公路上，要在生活区进行检查；一般公路上，要找避风的地方，且视线要好
6	检查拖挂装置是否可靠	视检各连接销	切不可将车辆停放在斜坡上进行拔插连接销的检查，否则极易发生人身伤亡事故

表 5-3-4　收车后日常维护

序号	维护项目	作业内容	操作要领	注意事项
1	汽车外表	清洗	用汽车清洗机清洗	车容整洁
2	全车检漏、补给	检查全车有无漏油、漏水、漏气、漏电等现象。添加燃油、润滑油及制动液（对液压制动汽车而言）。对全车各润滑点进行检查，并按需要加注润滑脂	看、听、试	应无"四漏"现象。补给和润滑作业所需运行材料必须符合要求
3	冷却系统	检查	夏季应定期放水，以防锈蚀堵塞；冬季气温低于3℃时，未加防冻液的水应放干净	冷却液温度要正常
4	蓄电池	保温	冬季气温低于-30℃时，露天放置的车辆应拆下蓄电池保温	防冻裂

续表

序号	维护项目	作业内容	操作要领	注意事项
5	各部件连接装置	检查螺栓、螺母有无松动、脱落	视检、手拧、扳手拧紧	应紧固、齐全
6	轮胎	检查轮胎气压,清除轮胎表面杂物	视检、用气压量表检查轮胎气压	气压符合规定,胎间及胎纹间无杂物
7	排除故障	排除行车中发生的所有故障,需小修的应及时安排修理	找出故障部位,查明原因,逐一排除故障	修复

（6）安全操作注意事项。

新能源车上含有高压部件（橙色线束为高压线），故操作时除测量高压电外，所有操作均应在断开高压电的情况下进行，切断高压电前应先将整车低压电源断开。任何时候都不要用身体或其他非绝缘体直接接触高压线及高压器件内部；除非专业技术人员或经过专门培训的人员在场，否则任何时候都不要打开高压部件，以免发生事故。

清洁车辆时，避免用水直接冲淋任何高、低压电器部件或舱体及发动机，以免部件进水导致工作不正常或损坏。

进行任何焊接操作前，请断开低压蓄电池的电源和混合动力所有控制器和高压导线，否则可能会导致发动机控制器、动力系统控制器、自动变速器控制器等部件的烧毁。

2.3 一级维护内容

汽车一级维护是一项运行性维护作业，即在汽车日常使用过程中的一次以确保车辆正常运行为目的的作业。其中心内容是：清洁、润滑和紧固，并检查制动、操纵等安全部件。

随着现代汽车技术的发展，汽车维护作业的技术含量和作业难度逐步提高，因此，一级维护作业必须由汽车维修企业的专业人员来完成，这对确保维护质量具有十分重要的意义。

一级维护作业内容如表5-3-5所示。

表5-3-5 一级维护作业内容

序号	单元	项目	检测方法	技术要求
1	动力电池	钥匙转到OFF位置,按下高压电池（PEC）维修开关,断开高压电	手动检查	断高压电5 min后,进行维护作业
		检查高压连接	目测、手动检查	各接线端口完好无烧蚀
		检查低压连接	目测、手动检查	导线完好,无损伤
2	冷却系统	检查混合动力系统冷却液液位	目测	位于上下刻度线之间
		检查冷却系统管路连接	目测、手动检查	无松动,管路无裂痕、无磨损、无渗漏
3	逆变器	检查高压线	目测、手动检查	高压线无干涉,插头无松动

续表

序号	单元	项目	检测方法	技术要求
4	发动机/发电机	检查高压线	目测、手动检查	高压线无干涉,插头无松动
5	变速器	检查安装情况	目测、手动检查	固定螺钉紧固,不松动
		检查自动变速器渗漏情况	目测	无渗漏
6	车辆绝缘	绝缘检查	目测	仪表中无"绝缘电阻低"报警图标和报警文字信息显示

2.4 二级维护内容

二级维护作业内容如表5-3-6所示。

表5-3-6 二级维护作业内容

序号	单元	项目	检测方法	技术要求
1	混合动力系统	系统检测	EATON服务工具测试	无现行故障码
2	动力电池	钥匙转到OFF位置,按下高压电池(PEC)维修开关,断开高压电	手动检查	断高压电5 min后,进行维护作业
		检查高压连接	目测、手动检查	各接线端口完好无烧蚀,插接到位不松动
		检查低压连接	目测、手动检查	导线完好,无损伤
		更换电池组空滤芯	目测、手动检查	滤芯不能重复使用,确保新滤芯安装到位
3	冷却系统	检查混合动力系统冷却液液位	目测	位于上下刻度线之间
		检查冷却系统管路连接	目测、手动检查	无松动,管路无裂痕、无磨损、无渗漏
		检查冷却风扇与水泵	EATON服务工具测试	利用EATON服务工具测试风扇与水泵,正常工作
4	逆变器	检查、清洁逆变器	目测	清洁,安装牢固
		检查高压线	目测、手动检查	高压线无干涉,插头无松动
5	电动机/发电机	检查、清洁电动机	目测、手动检查	清洁,安装牢固
		检查高压线	目测、手动检查	高压线无干涉,插头无松动

续表

序号	单元	项目	检测方法	技术要求
6	变速器	检查安装情况	目测、手动检查	固定螺钉紧固，不松动
		检查补充变速器润滑油	目测、手动检查	确保油面和加油口持平，不足时补充PS-164R7（SAE50）全合成润滑油
		检查变速器与传动轴的连接情况	扭力工具	符合Foton工艺安装扭矩
		检查自动变速器渗漏情况	目测	无渗漏
		检查壳体	目测	壳体无破损
		更换变速器油	手动检查	更换PS-164 R7（SAE50）全合成润滑油，换油间隔里程35万公里
		检查发动机转速传感器	目测、手动检查	传感器不松动、信号线是否有损坏等
7	控制单元	检查混合动力控制单元、变速器控制单元	目测、手动检查	控制单元安装牢固，接线可靠
8	换挡面板	检查换挡面板	目测	安装位置无破损、无锈蚀
9	离合器执行机构	外观检查	目测、手动检查	与保护杠上下前后间距不小于30 mm，无磕碰
		线束检查	目测、手动检查	插头无锈蚀，线束无破损
10	车辆绝缘	绝缘检查	目测	仪表中无"绝缘电阻低"报警图标和报警文字信息显示

2.5 动力系统维护

动力系统维护作业内容如表 5-3-7 所示。

表 5-3-7　动力系统维护作业内容

部件名称	维护项目	维护内容	维护周期
动力电池总成	电池箱外围	电池箱体与车辆底盘的固定螺柱紧固	10 000 km 或6个月维护一次
		电池箱体与车辆底盘的固定螺柱腐蚀/破损	
		MSD 拉手及底座内部清洁度/腐蚀/破损	
		高压连接器公插与母插清洁度/腐蚀/破损	
		低压连接器公插与母插连接可靠性	
		低压连接器公插与母插清洁度/腐蚀/破损	
		电池箱箱体划痕/腐蚀/变形/破损	
		电池下箱体底部防石击胶划痕/腐蚀/破损	
	电池状态	检查电池状态参数/SOC/温度/cell 电压	
		检查Pack 绝缘阻值	

续表

部件名称	维护项目	维护内容	维护周期
驱动电机	清洁	清洁电机外壳体,保证无水渍或泥垢	10 000 km 或6个月维护一次
	电机水冷系统	检查管路有无老化或渗漏	
		检查水泵是否有冷却液渗漏	
	电机机械连接紧固	检测螺栓上的漆标,若漆标位置有移动则对螺栓进行紧固,若无则不做要求	
	接地线连接	电机接地线部位的接地电阻不大于0.1 Ω	
冷却系统	冷却液	检查或更换	20 000 km 更换一次
减速器	齿轮油	检查或更换	50 000 km 更换一次
车载充电机	一般检查	清洁	10 000 km 或6个月维护一次
		高、低压接插件表面完好无破损、牢固	
		接地线牢固无松动	
		充电机安装牢固,无松动	
		充电机诊断测试	
电机控制器	绝缘检测	绝缘电阻≥100 mΩ;接地电阻≤100 mΩ	50 000 km 检查一次

三、参考书目

序号	书名或材料名称	说明
1	《新能源汽车使用与维护》	机械工业出版社
2	《汽车使用与日常维护》	高等教育出版社
3	《汽车使用与维护考核教程》	北京理工大学出版社
4	《汽车维护》	中国劳动社会保障出版社

四、学生笔记

_____
_____
_____
_____
_____
_____